YouTube에 공개되자마자 전
세계에서 접속이 쇄도!
속편 제작을 위한 ... 를
순식간에 모으며 ... 애니메이션의
새로운 가능성을 보인

リトルウィッチアカデミア

리틀 위치 아카데미아

압도적 퀄리티로 반 년간
질주하며 애니메이션계에 새로운
금자탑을 세운 초 걸작

キルラキル

KILL la KILL

근년 애니메이션 업계를
들썩이게 한, 이 두 작품을
같은 제작사에서 만들었다는
사실을 알고 계십니까?

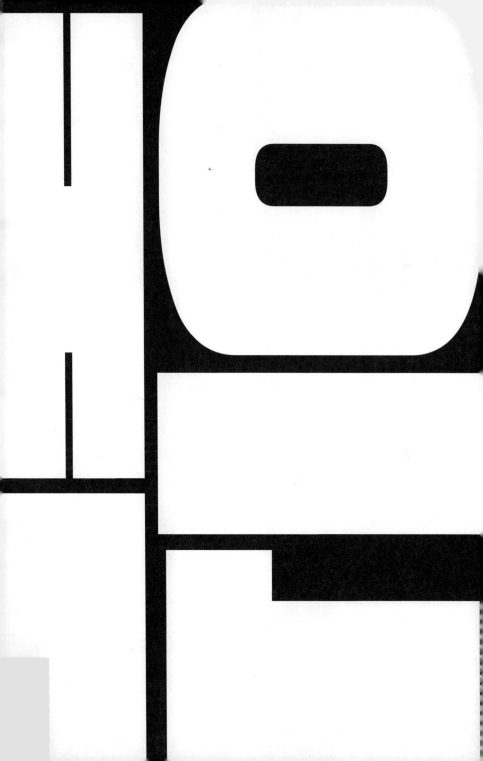

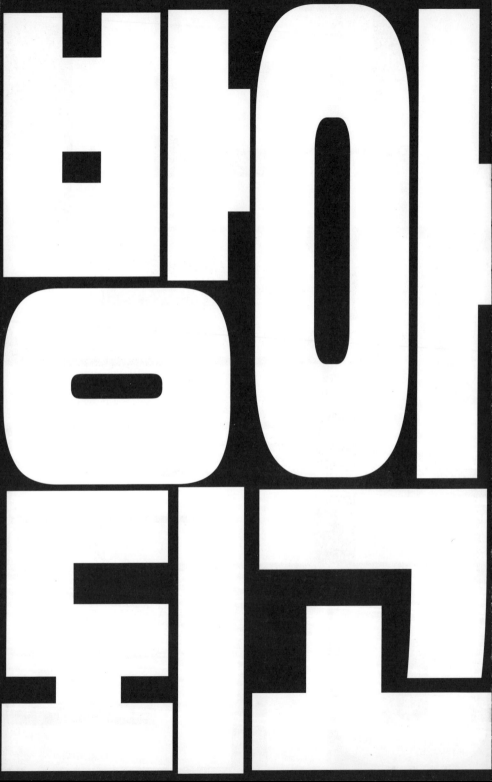

애니메이션을 직업으로!

트리거식 애니메이션 제작진행 실용서

마스모토 카즈야

번역 김보미 · ㅁㅅㄴ

100F

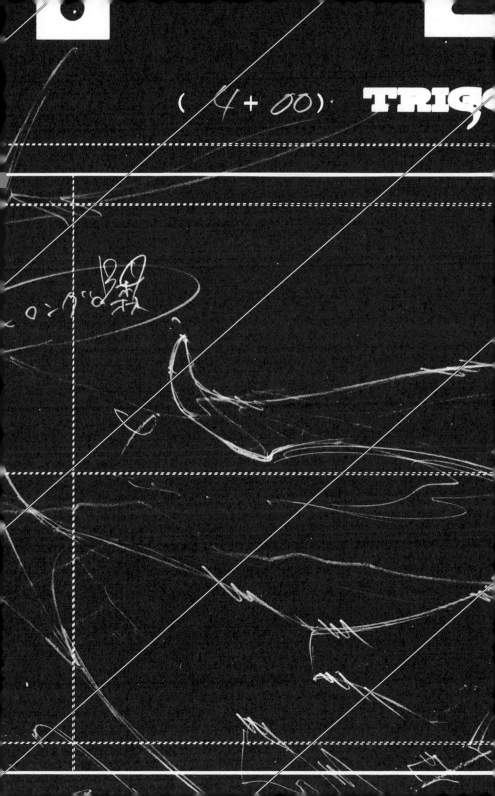

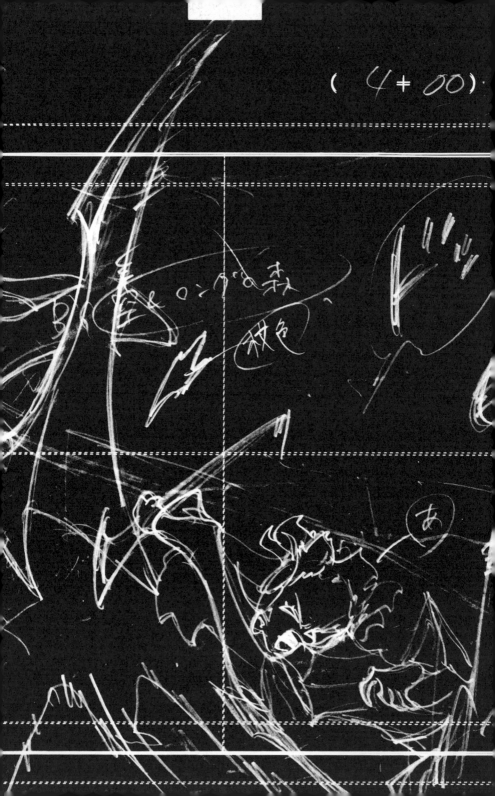

들어가며

애니메이션 제작은 고되다! 빡세다! 하지만 무지하게 재미있다!

안녕하십니까!

주식회사 트리거라는 회사에서 애니메이션 프로듀서를 담당하는 마스모토 카즈야라고 합니다.

「킬라킬」이라는 작품과 최근에는 「리틀 위치 아카데미아」라는 작품을 만든 애니메이션 스튜디오라고 말하면 아시는 분도 계실까요?

현재 일본에서는 TV에서만 해도 일주일에 50편이 넘는 애니메이션이 방영됩니다. TV뿐만 아니라 인터넷과 극장에서도 작품을 선보입니다. 그만큼 일본은 세계에서도 보기 드문 애니메이션 대량 생산국입니다.

「철완 아톰」이 TV에 방영된 해가 1963년!

지난 50년 동안 수 많은 애니메이션들이 선보였왔습니다. 그런데 이렇게 많은 애니메이션이 생산되고, 소비되는 와중에도 애니메이션이 어떻게 제작되는지는 일반적으로 알려지지 않았습니다. 이상하지요. '애니메이션을 한 번도 못 본 사람'을 찾기도 어렵지만, 그보다 '애니메이션 제작 방법'을 아는 사람을 찾는 편이 훨씬 더 어렵습니다.

이 책에서는 애니메이션 제작 과정을 소개하면서 '애니메이션 만들기'에 관해 설명하려고 합니다. 이 책을 완독했을 때 애니메이션 제작의 '어려움'과 '재미'를 조금이나마 이해하셨으면 좋겠습니다. 그리고 애니메이션 업계에 들어가고 싶은 마음이 생겼다면 더 기쁠 겁니다.

그나저나 무엇부터 얘기하면 좋을까요?
애초에 갑자기 나타난 제 정체가 궁금하신가요?
그야 그렇겠지요!
그래서 시작하기에 앞서 이 책의 내용 설명과 자기소개부터 할까 합니다.

최근 다양한 잡지와 인터넷에서 애니메이션 제작 방법이 소개되고 있습니다. 특히 대략적인 제작 과정과 감독·연출·작화감독 등 제작 스태프에 관해서도 자세히 알 수 있습니다. 애니메이션 업계에 몸담은 사람으로서 감사할 따름입니다. 그러나 실제 작업 내용이나 그 제작 과정의 괴로움과 재미까지는 소개되지 않습니다. 오히려 '고된 업계', '돈에 쪼들리는 업계', '긴 노동시간', '박봉' 같은 부정적인 이미지로 먼저 평가되고 있습니다. 하지만 실제 현장의 상황이나 작업 분위기를 모르고서 업계를 판단하지 말지어다!

'인터넷 세계는 광대'하지만 그곳은 거짓도 각색도 존재하는 세계!
'현실'이 알려지긴 해도 '진실'이 알려진 적은 없습니다.

이 책에서는 애니메이션 제작에서 '어떤 직업'을 통해 제작 과정과 그 분위기를 유사 체험할 수 있도록 구성했습니다.
'어떤 직업'……그것은 감독도 아니고, 각본가도 아니며 캐릭터 디자이너도 아닌…….

'제작진행'입니다!

　기획 부터 완성까지 애니메이션 제작의 전 과정에 관여하는 직책은 감독도, 각본가도, 캐릭터 디자이너도 아닙니다. '제작진행'이라는 직책입니다. 연출가도 전 과정에 관여하지만, 이 책에서는 더 보편적이고 일반인에게도 업무 내용을 이해하기 쉽게 하고자 제작진행에 대해서 다루겠습니다.

　제작진행을 알면 애니메이션의 제작을 안다고 해도 과언이 아닙니다.

　저는 애니메이션 업계에 들어온 지 올해로 14년째입니다. (2014년 4월 현재) 2000년에 메르헨사라는 작은 하청업체에 입사하여 '제작진행' 담당으로서 도에이 애니메이션사와 TMS 엔터테인먼트사, 일본 애니메이션사, 매드하우스사 등과 함께 일해 왔습니다. 그 후 2006년에 메르헨사를 퇴사하고 가이낙스라는 회사에 입사했습니다. 「천원돌파 그렌라간」에서 '제작 책임자'와 '라인 프로듀서'를 맡았고, 「panty & stocking with garterbelt(팬티 & 스타킹 with 가터벨트)」에서는 '애니메이션 프로듀서'로 참가했습니다. 그 후 트리거라는 회사를 설립해서 「리틀 위치 아카데미아」, 「킬라킬」이라는 작품을 제작하게 되었습

제작 책임자

작품 전체 예산과 스케줄과 스태프를 관리하는 직책. 제작 진행을 총괄하는 입장.

라인 프로듀서

제작 과정 전체를 구성하는 직책. 스태프 선정, 전체 스케줄 관리 등을 한다.

니다.

　햇수로 14년간, 애니메이션 제작 현장에서 '제작진행' ~ '프로듀서'
로 업계에서 일해 왔습니다.

　그럼 **'제작진행'**이 무엇인가…… 잠깐 인터넷으로 조
사해보면…….

　"제작진행은 제작 일정을 관리하고, 예산이나 스태프를
선정하고, 작품 제작 전반에 걸쳐 원활한 진행을 돕는 역할
이다. 납품 기간에 맞추기 위해 며칠을 밤새고, 각 스태프
와 협상해야 하는 상당히 고된 일. 그만두는 사람도 많다."
　라는 식으로 설명되고 있습니다(상당히 요약했지만……).
　이것은 정말 근거 없는 거짓말!…… 이 아닙니다. 오히려 맞는
말…… 이기도 합니다.
　하지만 이 설명이 제작진행의 업무를 전부 나타낸 것은 절대 아닙니
다. 그렇기는커녕 가장 중요한 부분이 완전히 빠져 있습니다.

　이 업계에 몸담은 제가 보기에 위의 설명은 표면적인 업무 내용만
설명할 뿐, 실제로 가장 중요한 부분이 전혀 나와 있지 않습니다. 심지
어 애니메이션 제작에서 재미있는 부분은 아무것도 전달해 주지 않습
니다.

　요리를 예로 들면 '재료와 순서와 조리시간'만 소개하고, 가장 중요
한 '맛과 식감과 온도'를 설명하지 않은 셈입니다. 그리고 '얼마나 맛있
는지'도!
　이 책에서는 제작진행이라는 업무의 실제를 구체적으로 해설하면서
애니메이션 제작에서 가장 중요한 '맛과 식감과 온도' 그리고 '맛있음'

을 설명하려고 합니다.

구체적으로는 애니메이션 작품이 어떻게 만들어지는가. 작품을 만드는 과정에서 제작진행이 어떤 비전을 가지고, 어떤 업무를 하며, 그것이 작품의 완성도에 어떻게 영향을 주는가. 좋은 작품을 만들려면 어떻게 하면 좋은지를 전하고자 합니다. 잘 부탁합니다!

애니메이션이 완성되기까지 모든 과정에 관여하는 직책인 '제작진행'

앞서 설명했듯이 저는 애니메이션 업계에 들어온 지 올해로 14년째입니다.

초반 6년은 제작진행, 3년은 제작 책임자, 그 뒤 애니메이션 프로듀서로 일해 왔습니다. 애니메이션 프로듀서로서는 아직 미숙해서 14년이 지난 지금도 매일 공부의 연속입니다.

제작진행을 맡았던 시절에는 「더 파이팅」, 「디지몬 프론티어」, 「금색의 갓슈벨!!」, 「에어마스터」, 「가자! 엉뚱이 삼총사(원제: それいけ! ズッコゲ三人組)」, 「헝그리 하트」, 「포포로크로이스 이야기」, 「눈의 여왕」, 「방가방가 햄토리(극장판)」 외에도 다양한 작품을 도왔습니다.

그 뒤 「천원돌파 그렌라간」에서 제작 책임자를 맡았습니다. 책임자라는 직책은 여러 명의 제작진행을 관리하는 위치를 말합니다.

이 제작 책임자 시절에도 그렌라간의 제8화 「잘 있거라, 친구여」편의 제작진행을 맡았으므로 직책이 올라갔다고 해서 제작진행의 업무를 하지 않는 건 아닙니다.

참고로 여담입니다만, 이 8화에서 처음으로 함께 작업한 각본·나카

시마 카즈키, 그림 콘티·이마이시 히로유키, 연출·오오츠카 마사히코 씨 등은 지금의 트리거사와 「킬라킬」의 메인 스태프가 된 분들입니다. 지금 생각해보면 트리거가 설립된 계기가 된 화라고 할 수 있는지도 모릅니다.

제작진행을 맡아온 6년이란 경력은 업계에서도 꽤 긴 편입니다.
대체로 2~3년 정도 제작진행을 경험하면 제작 책임자로 승진하게 됩니다. 그러므로 제 경력이 제작진행으로 취직을 염두에 두는 분들에게 기준이 되지는 않을 듯합니다. 어디까지나 하나의 예로 봐주십시오.

이 6년이란 세월은 한마디로 제게 '경험치'입니다. '제작진행으로서 중요한 일과 해서는 안 되는 일을 이상과 현실의 균형에 맞춰 후배에게 가르쳐줄 수 있기 위한' '경험치'입니다.

제작진행으로서 애니메이션 제작의 '실무(표면상의 업무)'는 빠른 사람이면 3개월~반년 만에 익힙니다. 그 이후 다른 사람에게 '실무(표면상의 업무)'를 가르치게 되기까지 1년 정도 걸립니다. 그리고 애니메이션 제작에서 중요한 '암묵적 실무(눈에는 보이지 않는 중요한 일)'가 보이기 시작하기까지 3년 정도 걸립니다. 제 경우 제작 과정에서 이러한 업무를 현실적으로 반영하고, 후배에게 가르칠 수 있게 되기까지 6년이 걸렸습니다.
사실 제작진행이든 애니메이션 제작이든 중요한 것은 '암묵적 실무(눈에는 보이지 않는 중요한 일)'를 얼마나 파악하고, 그것을 작품에 얼마나 현실적으로 반영하느냐입니다. 이런 내용은 인터넷에서도 나와 있지 않고, 감독도 각본가도 캐릭터 디자이너도 모릅니다. 이에 관해서는 나중에 자세히 설명하겠습니다.

우선 처음에는 제작진행이라는 일을 하게 되기까지를 설명하겠습니다.

목차

뚫으려면 열정만으로는 안 돼! 029

제2장 애니메이션 제작의 파수꾼

제작진행의 업무 041

제3장 지옥의 신인연수 055

제4장 실천! 제작진행

제1장

좋은 몸을 뚫으려면 여자는 마음으로는 안 돼!

애니메이션은 애니제작사 혼자서 만들지 않는다

애니메이션 제작 과정을 소개하기 전에 먼저 짚고 넘어가야 할 점이 있습니다. 그것은 애니메이션을 만들고 싶다고 할 때 꼭 애니메이션 제작사 입사만이 방법은 아니란 사실입니다.

애니메이션에 관여하는 일은 여러 가지가 있습니다. 실제로 영상을 제작하는 곳은 애니메이션 제작회사지만, 방송하는 곳은 방송국이고, BD(Blu-ray Disk)나 DVD를 판매하는 곳은 배급 회사입니다. 작곡이나 CD 판매를 담당하는 곳은 음반회사. 효과음이나 BGM, 성우(배우) 캐스팅, 녹음하는 곳은 음향제작회사. 원작 만화나 소설을 취급하는 곳은 출판사. 원작 게임을 취급하는 곳은 게임회사. 애니메이션 상품을 만들어 판매하는 곳은 굿즈회사나 완구회사.

제각기 다른 업종에 종사하는 분들이 하나의 애니메이션 제작에 얽혀 있습니다. 이런 구조가 가능케 한 것이 바로 '제작위원회'라는 방식.
TV에서 방영되는 애니메이션 1화 당 제작비가 얼마나 드는지 알고 계십니까? 대개 1,200만~1,800만 엔 정도입니다. 1쿨이라고 불리는 분기별 3개월간 방영되는 애니메이션은 대체로 12~13화로 구성됩니다. 즉, 1쿨의 애니메이션 작품을 하나 만드는데 1억4,400만~2억3,400만 엔이나 듭니다(그 외에도 광고비나 음악제작 비용 등이 별도로 들기도 합니다).
이 돈은 어디에서 나올까요? 애니메이션 제작회사? 원작자? 배급회사? 아니면 어떤 부자일까요?
사실은 다 함께 나눠 냅니다.
요즘은 한 회사가 모든 제작비용을 조달하는 경우가 거의 없습니다.

방영되는 95% 이상의 작품이 여러 회사의 투자로 제작비를 모으고, 투자한 금액에 따라 이익을 배분합니다. 또 그 회사가 주특기로 하는 장르의 권리(BD·DVD 판매, CD 판매, 상품 판매 등)을 우선적으로 부여합니다. 이것이 '제작위원회 방식'입니다.

이 방법의 장점은,

· 적은 투자비용으로 자사의 주요 분야 권리를
  우선적으로 획득할 수 있다
· 많은 작품에 소액투자가 가능하다
· 소액이므로 작품이 히트치지 않더라도 손해가 적다.

등을 들 수 있습니다.

동경만으로 업계에 들어갔다간 신세를 망친다

1995년 「신세기 에반게리온」이 성공한 이후로 이 방식으로 제작된 작품이 폭발적으로 증가했습니다. 현재에 와서는 전부라고 해도 좋을 만큼 대부분 작품에 제작위원회가 조직됩니다.

제작위원회에 수많은 회사가 관여한다는 말을 다르게 보면 '애니메이션 제작에 관여하는 방법'이 몇 가지나 있다는 말입니다. 애니메이션 제작회사에 입사하지 않으면 애니메이션을 만들 수 없다, 그림을 못 그리면 제작에 참여할 수 없다는 생각은 성급한 판단입니다. 음악을 좋아하면 음악회사의 애니메이션 부문, 상품 제작을 좋아하면 굿즈회사의 애니메이션 부문에 취직하면 됩니다.

고정관념에서 벗어나 넓은 시야를 가지고, 자신에게 맞는 직장을 찾으십시오.

자신의 인생에서 '애니메이션을 좋아하는 마음'을 소중히 여기고 싶다면 곰곰이 생각하십시오.

'애니메이션을 좋아하는 마음'을 계속 소중히 여기고 싶다면 그 마음이 평생 이어질 곳(직장)**을 꼼꼼히 찾으십시오. 그렇지 않으면 불행해집니다!**

애니메이션은 오락을 제공하는 3차 산업입니다. 극단적으로 말하면 생활에 절대적으로 필요한(의식주를 제공하는) 산업이 아닙니다. 그래서 더욱 힘든 업계입니다. 자신의 생활과 대조해 보십시오. 월세를 내고, 사계절 옷을 사고, 매일 먹을 음식을 사고, 저금하고, 거기서 남은 돈을 취미나 오락에 쓰지 않습니까?

우리는 다른 오락과 비교한 끝에 선택해 주신 시청자분들의 생활비에서 여분의 자금을 받으며 생활하는 셈입니다.

그렇게 생각하면 애니메이션 제작에 관여하는 스태프들이 얼마나 기술을 연마하고, 또 유행이나 나이와 싸워야 하는지 이해해 주시리라 생각합니다.

도저히 동경만으로 견딜 수 있는 세계가 아닙니다.

물론 동경이 없어도 견딜 수 없겠지만, 진지하게 검토하고 그 마음을 쭉 지킬 수 있는 곳이라는 생각이 들 때 선택하십시오.

그림을 못 그리면
할 수 없는 일?

수많은 선택지 중에서 그래도 '애니메이션 영상제작 현장'에서 일하고 싶은 당신을 위해 애니메이션 영상을 만드는 직업에 어떤 종류가 있는지를 소개하겠습니다. 일반적으로 TV 시리즈 애니메이션을 만들 경우엔 아래의 직업을 가진 분들이 관여합니다.

감독 / 각본 / 시리즈
구성 / 원작 / 캐릭터
디자인 ★ / 총 작화
감독 ★ / 그림 콘티 /
연출 / 작화감독 ★
/ 원화 (애니메이터) ★ / 동화

검수★/동화 (애니메이터)★/미술감독★/미술설정★/배경★/채색설계/색 설정/채색/셀검수/특수효과/3D감독/3D애니메이터/촬영감독/촬영/편집/음향감독/연기자 (성우)/효과/믹서/음악/음향

제작/비디오 편집/ 텔롭/애니메이션 프 로듀서/제작 책임 자/설정제작/문예/ 제작진행

엄청난 숫자지요!

어떤 작품은 이보다 더 많아집니다. 예를 들어 로봇 같은 메카닉이 등장하는 애니메이션이면 메카닉 디자이너나 메카닉 작화 감독이 필요하고, 역사 장르라면 그 시대에 쓰이는 물건(장식품이나 생활용품)을 디자인하는 소품 디자이너나 의상을 디자인하는 의상 디자이너 등이 필요합니다.

참고로 위에 나열한 직업 중에서 반드시 그림 실력이 필요한 직업에는 '★'을 붙였습니다. 반대로 말하면 다른 직업들은 그림이 아닌 다른 기술이 필요합니다.

애니메이션 제작은 집단 작업입니다. 30분 TV 애니메이션에도 200명~300명의 스태프가 참여합니다. 그렇게 많은 프로 기술자들이 함께하는 덕분에 수준 높은 다종다양한 작품이 생산되는 셈입니다. 그래서 일본은 어린아이부터 어른, 로봇물부터 연애물, 인간 드라마부터 상상의 동물이 등장하는 작품까지 표현할 수 있는 것입니다. 이는 다른 오락에는 없는 굉장한 일입니다.

애니메이션 제작은 사람이 종이에 그리기 때문에 시간이 걸립니다 (알고 계십니까? 아직도 TV 방영 작품은 3D 애니메이션 외에는 종이에 동화를 그리고 있답니다!). 하지만 사람이 종이에 그리기 때문에 표현이 무한대입니다. 애니메이션을 만드는 스태프는 종이 위에서라면 생물을 창조해내는 신이 되는 셈입니다.

이런 일은 다른 곳에는 없습니다! 이 얼마나 훌륭한 일인가요!

애니메이션 제작 현장에서 원하는 인물

어떤가요? 애니메이션 제작에 조금은 흥미가 생기셨나요?

3차 산업이라는 격랑에 시달릴 각오가 있고, 애니메이션 제작에 강한 흥미가 있는 분은 부디 애니메이션 업계에 뛰어들었으면 합니다.

고맙게도 요즘 '애니메이션 업계를 지망'하는 분이 늘고 있습니다. 제 시절에는 생각할 수도 없었던 고학력자가(학력 따위 일절 관계없는 실력주의 업계이긴 하지만) 신입으로 들어오기도 합니다.

점점 취직문이 좁아지는 이 업계에서 과연 어떤 인재를 원하는가. 제 개인적인 의견이지만 참고해 주셨으면 합니다.

먼저 일에 있어서 솔직함과 성실함이 필요합니다. 어떤 직업이든 초반에는 현장에서 쓸 수 있는 기술 향상을 요구합니다. 그럴 때 대부분은 OJT(On the Job Training)라는 사내교육으로 실력을 기르게 됩니다. 상사나 선배의 가르침에 귀를 기울이고, 대응하는 능력. 그리고 나날이 습득하는 노력이 필요합니다.

제작 현장은 학교가 아니므로 기술이 없는 자는 도태되고, 소득을 얻지 못하게 됩니다. 소극적인 사람도 마찬가지입니다. 얌전히 배우는 태도가 아니라 기술을 훔치려는 자세가 필요합니다.

또 향상심과 호기심을 가지고, 새로운 표현을 추구하며 항상 발전을 의식해야 합니다. 애니메이션이 가는 길은 항상 유행과의 싸움입니다. 업계의 최신 동향을 쫓아야 함은 물론이고, 영화나 음악, 방송이나 게임, 책, 이벤트, 인터넷 등 온갖 콘텐츠에 민감하게 의식해야 하며 시청자들의 '마음'을 아는 것이 중요합니다.

마음을 알기 위해서는 콘텐츠를 그저 즐기기만 하면 안 됩니다. 콘텐츠와 콘텐츠를 즐기는 사람, 그 양쪽을 자세히 관찰하고, '어디에서 감동하는가' '왜 저 부분이 웃음 포인트인가' 같은 부분을 고민하는 것이 중요합니다. 공수나 유도 같은 격투기 시합으로 말하자면, '선수'가 아니라 '관객'의 시선을 가져야만 합니다.

많은 사람과 협력하며 진행하는 일이라는 사실도 잊어서는 안 됩니다. 아까도 설명했다시피 애니메이션은 30분 방영하는 TV 작품에도 200명~300명의 스태프가 관여합니다. 높은 기술력을 짧은 스케줄 속에서 발휘해야 하는 상황에서 제작 과정이 세분화되고, 각 부문을 외부에 맡기는 방법을 취한 결과입니다.

책임자는 감독이나 캐릭터 디자이너 등 각 한 사람 혹은 소수지만, 원화(10명~20명), 동화(50명~100명), 채색(50~100명), 배경(10명~50명), 촬영(5명~30명) 등 분업이 가능한 부문은 인원수가 많습니다.

기본적으로 함께 작업하려면 사회인으로서 예의·상식·대화 능력·솔직함이 필요합니다.

연출과 제작진행의 관계

애니메이션 제작 현장에서 연출가와 제작진행의 관계는 상당히 긴밀합니다. 때에 따라서는 연출가와 작화 감독의 관계보다 깊을지도 모릅니다. 연출은 작품의 내용을, 제작은 작품 예산과 스케줄을 관리합니다. 같은 관리자 입장이지만 그 입장은 정반대에 가깝습니다. 시간이 걸리더라도 작품의 질을 올리고 싶은 연출가와 어떻게 해서든 스케줄을 지켜야 하는 제작진행. 원래라면 서로 경쟁하며 상품의 질과 스케줄의 균형을 맞춰야 하지만, 입사한 지 1~3년차 신입이 많은 제작진행은 자신보다 경력이 긴 연출가에게 강하게 나가기 힘들 때가 많습니다. 결국, 스케줄이 밀리는 방향으로 작업이 이뤄지기 마련입니다. (물론 이것이 지연되는 모든 원인은 아니지만) 그래도 방영일을 넘겨서까지 스케줄을 미룰 수는 없기에 결국, 자꾸 지연되어 버린 일거리가 마지막 1~2주 사이에 한꺼번에 몰립니다. 이렇게 되면 '어떻게든 끝내자'가 최고 목표가 되므로 연출가도 질을 올리겠다는 말을 할 때가 아니게 됩니다. 이런 사태를 피하고자 연출가는 경험이 적은 제작진행이 담당일 땐 전체 상황 등을 캐묻고, 최대한 빨리 경고를 하기도 합니다. 사실 제작진행의 능력에 따라 연출가뿐만 아니라 각 부서의 부담이 상당히 적어집니다. 특히 정신적인 스트레스는 하늘과 땅만큼 차이가 납니다(이 점은 사람이므로 단순히 우수하냐 아니냐의 문제가 아니라 성격 차이 문제도 존재하지만). 이런 사실을 익히 아는 연출가나 스태프들은 신입 제작진행이 어서 빨리 전문가가 되어 주길 바라는 마음에 까다롭게 지적하기도 합니다. 그런 까닭에 연출가는 제작진행의 업무 내용과 최대한의 스케줄 라인까지 꽤 자세히 파악하고 있기도 합니다. 제작진행도 연출가의 일을 더 자세히 이해한다면 업무상 도움이 되고, 연출가와 신뢰감도 깊어지겠지요. 다만 연출가도 많고, 사람에 따라 업무 감성이 다르므로 여기서는 컷을 체크할 때 연출가가 최소한 봐 둬야 하는 부분만 설명하겠습니다. 첫 번째로 레이아웃. 이 단계의 포인트는 미술 스태프에게 낼 원안으로 성립하느냐입니다. 작화만 따지자면 원화의 예비과정으로 볼 수도 있지만, 미술 담당에게는 이 과정이 최종지시입니다. 구도뿐만 아니라 구미선이나 배경 나누기, 작화와 미술 구별, 낮밤 지정, 팔로우 컷에서 필요한 배경선에 빠진 부분이 없는지 체크합니다. 다음은 원화 때. 가장 중요한 것은 그림 콘티에서 요구하는 연기가 보이는가. 작품에 테마가 있듯이 컷마다 전달해야 하는 정보(테마)가 있습니다. 이를 이해하려면 그림 콘티를 읽고, 전체 흐름에서 각 컷이 가지는 테마를 이해해 둘 필요가 있습니다. 제작진행이 연출가의 의도를 공유하기 위해서도 그림 콘티를 완벽히 파악하길 추천합니다. 그다음에 캐릭터의 복장이나 소품을 든 손이 바뀌지 않았는지 '연결' 체크. 이것은 레이아웃에서도 확인해야 하는 부분이지만 원화 때도 체크합니다. 이 부분은 제작진행도 마음만 먹으면 체크할 수 있습니다. 여유가 있다면 연출가에게 넘기기 전에 체크하고, 실수를 발견했다면 메모를 첨부하면 연출가에게 높은 평가를 받을 수 있을 겁니다. 그다음에는 타임 시트를 완벽하게 이해하고…… 참으로 할 것이 많습니다. 그렇지만 이렇게 콩알만한 글씨가 빽빽하게 적힌 문장을 마지막까지 읽은 당신이라면 훌륭한 제작진행이 될 싹수가 충분합니다.

주식회사 TRIGGER
대 표 이 사 오오츠카 마사히코

제 2 장
애니메이션 제작의
파수꾼
제작진행의
업무

천 개에 달하는 소재를
혼자서 관리한다

앞장에서는 애니메이션에 관여하는 다양한 방법과 업계에서 원하는 보편적인 인물상에 관해 설명했습니다.

지금부터는 제작진행이 구체적으로 어떤 식으로 업무를 진행하는지 설명하겠습니다.

제작진행이 담당하는 실무는 크게 세 가지로 나눌 수 있습니다.

① 작품 소재 관리

② 스케줄 관리

③ 작업 환경 관리

이 세 가지를 못 해내면 제작진행으로서 프로가 아닐뿐더러 이 세 가지 중 하나라도 실패하면 애니메이션은 완성되지 못합니다. 제작진행이 얼마나 중요한 일인지 조금 이해되셨나요.

구체적으로 '① 작품 소재 관리'부터 설명하겠습니다.

애니메이션 제작에는 다양한 소재가 필요합니다. 소재란 그림 콘티·레이아웃·원화·동화·배경 등에 필요한 물리적인 소재부터 채색·촬영 등 데이터화된 소재 등 다양합니다. 제작진행은 애니메이션에 관련된 모든 소재를 관리해야 합니다.

관리란 어떤 걸 말하는 걸까?

간단하게 말하면 '지금 어디에 무엇이 있는지 파악하고, 분실하지 않기'입니다. 꽤 간단해 보이지요? 그런데 이 물량이 얼마나 있는가 하면 30분 TV 방영 작품에,

- 그림 콘티 × 1권(80~100페이지) × 30권(스태프 배분용)
- 레이아웃 × 300컷
- 원화 × 300컷
- 동화 × 4,000~6,000장
- 배경 × 300컷(데이터)
- 채색 × 4,200~6,200장(데이터)
- 촬영 × 300컷(데이터)
- 체크용 DVD × 4~10장
- 전표 × 50장
- 관련 서류 × 50장
- 컷 봉투 × 300장

정도입니다.

작품에 따라서 늘거나 줄겠지만, 대체로 이 정도입니다. 이 모든 것을 지금 어디에 있는지 파악하고, 분실하지 말아야 합니다.

어마어마하지요? 이렇게 많은 물량을 혼자서 일괄적으로 관리하는 직업은 그리 많지 않을 겁니다.

⬆ 이 정도가 1화 분량!

파악도 중요하지만 분실하지 않게 하는 것이 더욱 중요합니다.
애니메이션 소재는 대부분이 손 그림입니다. 복사는 할 수 없습니다!!
그러니 분실했다 하면 실격입니다!!
부담감이 굉장합니다!!

이렇게 작품 소재를 관리하면서 제작 스케줄 관리도 해야 합니다.

훌륭한 작품은 훌륭한 스케줄 관리부터

그럼 다음은 '② 스케줄 관리'를 설명하겠습니다.

어떤 일이든 스케줄이 있습니다. 제조업, 서비스업, 공공기관에도. 그럼 '애니메이션 스케줄'은 어떨까요?

간단히 말하면 '납품(완성)을 목표로 각 부문이 충분히 작업할 수 있는 일정'을 말합니다.

애니메이션 제작은 분담 작업입니다. 연출·작화감독·음향·원화·동화·채색·3D·배경·촬영……. 다양한 전문가들이 하나의 영상 제작에 참여합니다. 그리고 프로로서 일하는 충분한 작업 시간이 필수입니다. 그러므로 필요한 작업 시간을 정해서 부문별로 배정합니다.

제작진행은 우선 희망에 기초한 빡빡한 스케줄표를 작성합니다. 이 시점에서는 탁상공론에 불과하므로 그 뒤 각 부문과 의견을 교환하며 세세히 조정하고, 현실적인 스케줄로 완성합니다.

그때 주의할 점은,

· 개인 스케줄(다른 작품과의 업무 배분입니다. 애니메이션 스태프들은 대부분 두 가지 이상의 일을 동시 진행하게 됩니다)

· 앞 화수의 상황(배경이나 채색은 앞 화수가 끝나지 않으면 다음 작업을 할 수 없습니다)

· 개개인의 건강 상태(여름과 겨울엔 특히 주의!)

· 담당하는 업무의 내용(작업이 어려운 부분은 필연적으로 시간이 걸립니다)

· 이벤트(동인지 행사나 공연이나 설이나 명절……)

등등…….

예상되는 문제를 파악하고 그것을 스케줄에 반영합니다. 거기까지 되었다면 각 부문에 돌려서 작업에 들어가도록 합시다. 이걸로 한숨 돌릴…… 때가 아닙니다!

제작진행의 스케줄 관리는 지금부터 시작입니다!

지금까지는 각 스태프가 생글생글 웃으면서 대응해 주었지요? 하지만 각 부문이 실제 작업에 들어가면 제작진행의 전쟁이 시작됩니다! 원화가 늦는다!? 연출 체크가 쌓인다!? 작화감독의 허가가 안 떨어진다!? 배경이 멀었다!? 촬영 소재가 부족하다!? 작업 담당자와 연락이 안 된다!? 감기에 걸렸다!? 애인에게 차여서 의욕이 안 생긴다……!?

다양한 사고가 반드시 발생합니다. 이를 어떻게든 해결하는 것이 제작진행의 스케줄 관리입니다! 스케줄을 세우는 것뿐만 아니라 스케줄대로 현장이 돌아가도록 사고에 대처하고, 하나하나 해결하는 것이 바로 '관리'입니다!

'관리'를 하려면 각 부문과 조정을 해야 합니다. 때로는 상냥하게, 때로는 엄격하게, 때로는 연신 머리를 조아리면서, 때로는 다투면서……. 작업하는 건 사람입니다. 기분이 좋을 때도 있다면 나쁠 때도 있습니다. 제작진행은 어떤 때에도 작업 현장의 분위기를 파악하고 상대방의 기분을 살피면서 협상할 수 있어야 합니다. 상당히 속앓이하는 일이지요…….

하지만 제작진행이 없으면 애니메이션은 만들어지지 못합니다. 각 부문은 자기 스케줄만 알고, 다른 부문의 상황은 잘 모릅니다. 전체 스케줄을 관리하는 업무는 수많은 전문가 중에서 제작진행뿐입니다. 제작진행이 스케줄을 관리하지 못하면 프로가 프로로서 작업할 시간을 확보할 수 없게 되고, 작품 전체의 질이 떨어지기 마련입니다!

제작진행은 그림도 그리지 않고, 소리도 만들지 않으며 색도 칠하지 않습니다. 하지만 제작진행이 있음으로써 애니메이션이 만들어지고, 제작진행의 능력에 따라 작품의 질이 달라집니다.

매우 중요한 임무인 셈입니다.

스케줄 관리가 얼마나 중요한지 조금 설명이 되었나요? 그럼 다음은 '③ 작업 환경 관리'를 얘기하겠습니다.

크리에이터가 작업에 집중할 수 있는 환경 조성

어떤 일이든지 작업 환경은 매우 중요합니다. 작업 도구가 있는지, 작업 공간은 있는지, 실내 온도는 적절한지, 작업에 집중할 수 있는지 등, 각 작업자가 만족스럽게 작업할 수 있으려면 제대로 된 환경을 갖추어야 합니다.

그럼 애니메이션은 어떤 환경 관리가 필요할까요? 이를 해설하려면 먼저 애니메이션 제작 환경이 두 종류라는 점을 설명해야 합니다. 바로 스튜디오 내의 작업인가, 자택(개인 작업실)에서 하는 작업인가 하는 점입니다.

애니메이션 제작에 종사하는 스태프는 스튜디오에 소속한 분도 계시고, 프리랜서로 활동하는 분도 계십니다. 스튜디오 소속인 분은 기본적으로 스튜디오 내에서 작업합니다.

프리랜서는 스튜디오에 책상을 빌릴 때도 있으며, 자택(개인 작업실)에서 작업할 때도 있습니다. 제작진행은 스태프의 작업 환경 장소에 맞춰 환경을 관리해야 합니다.

스튜디오 내에서 작업하는 경우, 작업 환경으로 아래의 사항에 유의할 필요가 있습니다.

- 방범(심야 보안과 소포 관리)

- 작업 도구 관리(작화용지·연필·셀로판테이프 등 작업에 필요한 소모품과 비품이 부족하지 않게 한다)

- 작업 공간 관리(책상·자료 선반·작업 통로·짐 선반 등을 작업에 방해되지 않도록 관리한다)

- 실내 온도(특히 여름과 겨울에 작업에 지장이 없도록 실온을 관리한다. 최근에는 컴퓨터 같은 장비 과열 등의 영향도 고려한다)

- 설비 관리(컴퓨터·에어컨·전화기·복사기·그 외 사내 비품과 기기 관리)

- 경찰서·병원 확인(특히 근처 외과나 내과 병원의 장소와 연락처를 확인해둔다)

- 교통수단 확인(전철의 막차와 첫차 시간 확인, 버스정류장 시간표, 자전거 주차장 등)

- 식사할 수 있는 장소 확인(스튜디오 근처 편의점이나 음식점 등)

특히 '방범' '작업 도구 관리' '작업 공간 관리' '실온' '설비 관리' '경찰서·병원 확인'은 반드시 해둬야 합니다. 경찰서나 병원은 급하게 대응이 필요해질 때가 있습니다. 일이 일어난 후에 검색해서는 이미 늦습니다. 반드시 파악해 두어야 합니다.

'식사할 수 있는 장소 확인'은 상황에 따라 필요해질 때가 있습니다. 스태프는 사람이므로 당연히 식사를 해야 합니다. 배가 고프면 전쟁도 치를 수 없지요! 그럴 때 제작진행이 눈치 빠르게 장소를 파악해 두면 스태프가 식당을 찾을 시간을 절약할 수가 있습니다. 참고로 막차나 첫차 시간은 작업 마감에 큰 영향을 끼치므로 바로 찾아볼 수 있게 시간표를 상비해 두면 편리합니다.

이제 스태프가 자택(개인 작업실)에서 작업할 때는 관리 내용이 줄어듭니다.

· 작업 도구 관리(작화용지·연필·셀로판테이프 등 작업에 필요한
  소모품과 비품이 부족하지 않게 한다)

뿐입니다!

자택(개인 작업실)에서 작업하시는 스태프는 대부분 자기관리로 해결합니다. 그러므로 제작진행은 애니메이션 작업에 필요한 도구만 떨어지지 않게 하면 됩니다. 언뜻 보기에 간단해 보이지요……? 사실은 함정입니다.

스튜디오 작업과 달리 비치해 두는 물건이 많지 않아서 도구가 떨어지면 일절 작업을 못 하게 됩니다. 마감 직전의 늦은 밤에 떨어지면 손쓸 수도 없으므로 제작진행은 항상 비품을 확인해 둬야 합니다.

여기까지 설명한 내용이 제작진행이 꼭 해야 할 '실무'입니다.

"좋아! 이 정도만 하면 제작진행 전문가다!" 라고 생각하셨나요?

전혀! 전혀! 전혀! 전혀! 전혀! 전혀~~~

그렇지 않습니다.
사실 이 정도는 제작진행 이전에 사회인이라면 '당연히' 할
수 있어야 하는 업무 내용입니다.

야구를 하려고 일단 배트와 공과 글러브를 준비해 둔 정도에 불과합
니다. 제대로 시합을 치르려면 할 수 있어야 하는 일이 아직 수두룩합
니다.

그것이 '암묵적 실무(눈에는 보이지 않는 중요한 일)'입니다.

지금부터 이 '암묵적 실무'를 설명하겠습니다.

암묵적 실무가 전문가의 성패를 가른다

'암묵적 실무'란 어떤 것인지 먼저 요소를 나열해서 설명하겠습니
다. 전 이 요소들이 꼭 제작진행에게만 필요한 요소가 아니라고 생각
합니다. 다른 업종에서도 중요한 부분이 아닐까요…….

간단하게 설명하면,

· 인맥 만들기

· 타인의 가치관 이해

· 커뮤니케이션

· 정체성 확립

· 작품을 향한 애착(신념)

- 작품을 봐주길 바라는 사람에게 가지는 마음(시청자, 작품의 소구 대상)
- 자기가 하고 싶은 것
- 자기가 되고 싶은 것
- 자기 생활
- 첫 인상
- 의지와 이념의 공유
- 작품예산

……등입니다.

자, 여기서 문제입니다! 이들 각 항목에 만인이 납득하는 정답이 있을까요? 사실은 없습니다. 심지어 상황에 따라서 정답이 바뀝니다! 쉽게 말하자면 제작진행의 업무에 최상의 정답이란 없습니다. 항상 그나마 나은 대응밖에 없습니다(극단적이지만……).

어쩐지 단숨에 어려워졌지요. 왜 어려워진 것 같을까요?

이유를 정리하자면,

① 능력별로 명확한 기준이 없고 정답이 하나가 아니다

② 서로 모순되는 부분이 있다

이기 때문입니다.

특히 고민되는 부분이 ①입니다.

남에게 설명하기로 한 이상 답이 없으면 설명도 못 하지요. 그렇단 말은 스스로 답을 찾아내야만 합니다. 심지어 답은 하나가 아니고, 각각 상반될 수도 있습니다. 그래도 스태프나 후배에게 자신의 생각을 설명해야 합니다. 이것이 참 성가신 현실입니다!

앞서 나열한 '실무(표면상의 업무)'는 정답이 하나이고, 작업만 하면 달성할 수 있는 업무입니다. 대답이 정해져 있는 만큼 누군가에게 설명하기도 간단합니다. 그러나 '암묵적 실무'는 고민해도 금방 답이 나오지 않습니다. 나왔다고 해도 나열해 보면 모순된 부분이 많이 드러납니다.

저는 제 나름의 결론을 내기까지 6년이 걸렸습니다.

예를 들어…….

애니메이션 현장에서는 인간관계와 일의 가치관이 상반될 때가 있습니다. 평소에 친구처럼 지내던 원화가에게 원화를 부탁했다고 칩시다. 그때부터 (업무상) 친구가 아니게 됩니다. 어디까지나 제작진행과 원화가라는 역할로 대응해야 합니다. 원화가는 완성도 높은 원화를 그려내는 것이 업무. 제작진행은 스케줄대로 작업을 진행하는 것이 업무. 서로 업무 내용이나 마감이 임박하지 않다면 아무 문제가 없습니다……그러나, 현실은 어렵지요…….

작업이 늦어지거나, 몸이 안 좋아지거나, 의욕이 떨어지는 등 여러 가지 이유로 생각대로 진행되지 않습니다. 하지만 마감은 다가옵니다. 그렇게 되면 서로 일에 관한 가치관 차이로 다른 주장을 펼치게 됩니다.

제작진행A 「이제 곧 마감이라 내일 12시까지 원화를
　　　　　받지 못하면 늦어지는데요……」

원화가B　「그치만 L/O(레이아웃)를 넘겨받은 게
　　　　　그저께에다 이만한 작업이면 내일
　　　　　12시까지는 힘들어요……」

제작진행A 「그걸 어떻게 좀 해줄 수 없나요……」

원화가B　「어려울 것 같은데요……」

제작진행A 「…………」

원화가B　「…………」

서로 어색한 침묵만 이어집니다. 평소에는 스스럼없이 대화하던 두 사람의 관계도 삐걱삐걱…….

굉장히 슬퍼지는 순간입니다.

하지만 제작진행은 이 침묵에 휘말려 아까운 시간을 소비하고 있을 여유가 없습니다. 무슨 일이 있어도 마감 전까지 작업을 진행하기 위해 대응해야만 합니다.

그런데 이런 경우에는 어떻게 해야 하나…….

최대한 할 수 있는 범위만큼 그려서 받기도 하고, 마감을 미룰 수 있는지 상담할 수도 있습니다. 또 '못 한다'는 사람 대신 '할 수 있는' 다른 사람에게 부탁하는 방법도 있습니다. 이 일에서 '원화가B'씨를 제외하는 겁니다…….

이처럼 제작진행은 이따금 인간관계보다 자기 업무의 가치관을 우선시해야 할 때도 있습니다. 물론 스태프에게 실례되는 태도를 보이라는 말이 아닙니다. 어디까지나 작품에 제일 나은 선택을 하라는 것이 전제입니다.

제작이 막히는 모든 사태를 '어떻게든 해결하는 것'이 제작진행이 할 일입니다! 정해진 시간에 정해진 일만 해서는 프로라고 할 수 없습니다. 가끔은 자신의 시간과 인간관계를 희생해서라도 제작을 진행해야 합니다.

정말 제작진행은 어려운 과제이며 성가신 일입니다…….

제 3 장

좋

의 신인연수

10년 후, 회사를 성장시켜 줄 인재를 기르기 위해서

제작진행이 맡은 역할을 파악했으니 신입 제작진행을 어떤 식으로 가르쳐서 프로로 만드는지 설명하고자 합니다. 어디까지나 트리거 방식이라는 점을 고려해주십시오. 체험 입사한 사람이라는 마음으로 읽어 주셨으면 합니다.

제가 제작 책임자가 되었을 때 '훌륭한 작품 제작에는 우수한 제작진행이 필요하다'라고 통감했습니다. 스케줄대로 일을 진행해야 하고, 위기 측정 능력, 대처 능력이 뛰어나야 하며 인맥이 많아야 하는 등……. 이 모든 것이 제작진행에게 필요한 요소입니다. 능력 있는 제작진행이 맡으면 작품의 질도 훨씬 좋아집니다.

오른쪽 그림에 나온 옅은 회색 부분처럼 신입일 때는 능력이 한쪽으로 치우칩니다. '장점'이 있다는 점은 환영해야겠지만, 우선은 '단점'을 없애고, 가장 기본적인 능력 습득이 최우선입니다.

하지만 안타깝게도 애니메이션 업계에서는 제작진행의 교육 방법에 정해진 이론이 없습니다. 제작진행의 일 자체가 일종의 특수한 업무라서 외워야 하는 용어나 작업이 수두룩합니다. 사실 애니메이션 현장에서는 일반적으로 외워야 하는 용어나 작업을 가르치고, '일단 하루라도 빨리 쓸 만한 인재가 되게 하는 것'이 신입 교육이라고 여깁니다.

하지만 저는 이것이 본질이 아니라고 생각합니다. 신입 교육이란 '10년 후에 회사를 성장시켜 줄 인재를 기르는 것'입니다. 또 '언젠가 내 일을 편하게 해 줄 인재를 키우는 것'이기도 합니다. 다시 말해 지금

제작진행의 능력에 관해서

제작진행이 발휘해야 하는 능력은 다음의 6가지다

① 배려심   스태프 대응, 회의 등 준비, 인사, 대응

② 현명함   지성, 재치, 약삭빠름, 임기응변

③ 계획 능력   스케줄 작성, 사전 예상, 절차

④ 엄격함   스태프 대응, 외부 대응, 엄격한 자기 관리, 일반 윤리와 직무 윤리

⑤ 체　력   빠릿빠릿하게 움직이는 순발력, 밤도 샐 수 있는 체력

⑥ 행동력   매사의 대응, 추진력, 협상

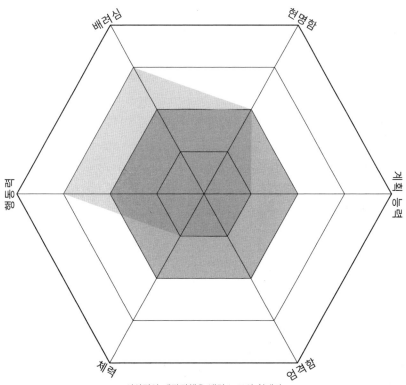

이상적인 제작진행은 밸런스 표의 형태가 정육각형에 가까운 인재, 즉 전반적으로 균형 있게 능력이 있는 인물상이다. 대체로 비뚤어진 육각형인 사람이 많다.

당장 일을 시킬 수 있는 '人在(실적은 있지만 그 이상의 성장은 기대할 수 없는 인재)'가 아니라, 10년 후에 일을 만들어 줄 '人財(실적이 있고 앞으로 성장이 기대되는 인재)'를 기른다는 말입니다. 매해 신입을 교육할 때 이런 의식을 가지고 가르치고 있습니다.

참고로 제 신입 교육 방법을 소개합니다.

우선 철저하게 꾸짖어라! 꾸짖어라! 꾸짖어라!

사실 실전 교육보다 먼저 해야 할 일이 있습니다. **신입을 일찍부터 세세하게 '지적하는(꾸짖는) 것**입니다. 대학교나 전문학교를 졸업해서 갓 취직한 신입은 사회인으로서 거의 아무것도 모릅니다. 그러므로 첫날부터 교육에 들어갑니다! 인사 방법이나 메일 쓰는 법, 점심 먹는 방법까지 조금이라도 신경 쓰이는 부분이 있으면 바로 지적합니다.

이러는 데는 두 가지 이유가 있습니다.

하나는 신입 때 고치지 못한 버릇은 3년차가 되면 스스로 고칠 수 없게 되기 때문입니다. 예를 들어 '회의에 항상 늦는다' '정리정돈이 안 된다' '이론적인 대화가 불가능하다' '지각을 밥 먹듯이 한다' 같은 버릇이 있는 사람이라면 반드시 고쳐야 합니다. 업계 내에서는 신입 때 고치지 못한 사람이 30대가 되어서도 그 버릇을 못 고치는 경우가 많습니다. 부끄럽지만 저도 그렇습니다. 그냥 처음부터 얘기를 하면 되지 않느냐고 말하는 분도 계시겠지만, **이제 막 들어온 신입 제작진행은 무엇이 잘못된 버릇이고, 왜 고쳐야 하는지 이해하지 못합니다!** 그러므로 교육 담당자가 세세한 부분부터 끈질기게 지적해야 합니다.

입에 침이 마르도록

또 다른 이유는 교육 담당자가 '지적하는(꾸짖는) 것'에 익숙해지기 위해섭니다. '지적하는(꾸짖는)' 행위는 언성을 높이며 고함치는 것이 아닙니다. '정중한 말로 상대방에게 무엇이 잘못되었는지 이해하게 하는 행위'입니다. **즉 감정으로 화내는 것이 아니라 이성으로 꾸짖는 행위**입니다. 상대방과 의사소통이 이뤄지지 않은 채 지적하면 상대방의 배우려는 의욕을 꺾으므로 좋은 행위가 아닙니다. 어디까지나 신입을 프로로 키우기 위한 교육이니 표면적으로만 지적하고, '왜 잘못되었는지'를 가르쳐야 합니다.

또 '지적'에 변화를 주는 것이 중요합니다. 똑같은 지적을 반복하면 듣는 쪽은 귀에 딱지가 앉아 버리는 건 물론이고, 입에 침이 마르도록 지적하는 쪽도 점점 지적하기 싫어집니다. 지적에 변화를 주기 위해서도 일찍부터 지적하는 행위에 익숙해집시다(처음 만난 이후부터 아무 지적 없이 한 달 정도가 지나 버리면 '지적하기'가 매우 어려워집니다).

실제 예를 들어보겠습니다.

가령 제가 '지각'한 신입 제작진행을 지적할 때 옛날에는 "지각하면 안 되지!" 하고 호통치고 말았습니다. 그 자리에서는 "죄송합니다!"하고 사과하던 신입이지만 보통 1주일쯤 지나면 또 지각합니다! 이런 식으로는 아무 의미가 없었습니다.

그래서 최근에는 "지각하면 자네가 일할 때 많은 장애가 생길 거야. 먼저 상담이나 회의에 지각하면 신용을 잃지. 일을 잘하고 못하고가 아니라 '인간성의 신용'을 잃어버려. 이 사람에게 일을 맡겨도 될까?

상대방이 그렇게 생각해 버린 순간, 그때부터 업무가 힘들어지지. 학생 시절과 달리 사회에는 자네를 좋아하는 사람만 있는 게 아니니까 매몰차게 잘라 버릴 거야. 또 바쁜 크리에이터가 귀중한 시간을 내서 미팅에 참여하는데, 그 사람의 시간까지 빼앗게 돼. 그리고 여유가 없을 때일수록 실수가 겹치는 법이다. 필요한 자료를 분실하거나, 오탈자가 많아지거나, 사람을 착각하거나, 전화 대응이 소홀해지겠지. 실수가 잦아지면 그만큼 일거리도 늘어나고, 더더욱 신용을 잃어버려. 그렇게 되기 전에 집을 10분만 일찍 나와서 지각하지 않는 방법을 생각하는 편이 좋을걸!" 하고 세세하게 주의를 줍니다. 이런 식으로 한 번에 전할 때도 있고, 나눠서 변화를 주며 얘기하기도 합니다.

　물론 사람마다 지적하는 방법이 다르지만, 화내듯 주의를 주는 방법을 피하고, 최대한 이해하기 쉬운 말로 풀어서 지적하도록 신경 씁니다.

유사체험에서 실제 체험으로

제가 신입을 교육할 때는 아래의 과정을 밟습니다.

단계 ①　　신입 제작진행의 성격, 흥미, 꿈, 인생 설계,
　　　　　소통 방법을 대화하면서 관찰한다

단계 ②　　매일 아침 1시간~2시간 정도 1대1로 애니메
　　　　　이션 제작 과정과 일반 사무직 연수, 작품
　　　　　제작 방법을 설명한다

단계 ③　　신입과 비슷한 세대이며 2년 이상 경험이 있

는 선배에게 1대1로 현장 지도를 받게 한다

단계 ④ 한 달을 목표로 자사 작품의 제작진행 업무를 맡긴다(2년차 선배에게 1대1로 현장지도를 받는다)

단계 ⑤ 1화 분량의 제작진행을 경험했다면 다음은 선배의 조언 없이 제작진행을 맡긴다

단계 ⑥ 타사 작품을 3화 분량 담당하게 한다

단계 ⑦ 3년차부터는 제작 책임자를 목표로 보고 지도한다

이 교육 과정에 따라 다른 제작진행 스태프를 비롯한 모든 사원이 신입을 교육합니다. 여기서 중요한 것은 애니메이션 제작 과정을 구두 설명으로 '유사 체험'을 하게 해 준 뒤, 현장에서 '실제 체험'을 해보게 하는 것입니다.

애니메이션 현장에는 아무것도 모르는 신입을 당장 현장에 투입하여 단련하는 전통적인 교육방식이 있습니다. 저는 이 방식을 그다지 좋아하지 않습니다. 위험부담이 크고, 가뜩이나 조기 퇴사가 많은 제작진행의 업계 생존율을 고용주 스스로 깎아내린다고 생각합니다.

옛날에는 현장에서 혼나며 성장하는 방법이 일반적이었지만, 그때는 애니메이션 제작 과정이 지금만큼 복잡하지 않았고, 그림 콘티 뒤에는 정해진 단순한 절차로 만들어지던 시대였기 때문에 가능했습니다. 심지어 요즘은 TV 시리즈 1화당 담당 원화가가 늘어나면서 외근 (원화나 동화 등을 차로 회수하러 돌아다니는 작업) 시간이 길어진 탓에 하루에

해야 하는 실제 노동 시간은 훨씬 길어졌습니다.

즉, 요즘 제작진행은 '자기 머리로 정리하고 고민하는 일이 많아지고, 작업 시간도 늘어난' 셈입니다. 현장에 바로 투입되어 '과로에 시달려 정신적 스트레스'를 일으켜 버리는 신입이 많아지는 이유도 여기에 있다고 생각합니다. 그래서 다들 심신이 약해져서 1년도 채 채우기 전에 그만둬 버립니다.

'바로 현장 투입!'시키는 낡은 교육 방법은 매우 비효율적이며 아무도 행복해지지 않습니다!

가령 3년간 제작진행 5명을 키운다고 치면 1년에 10명을 고용하여 전부 현장에 투입해서 단 1명을 남기는 교육보다는 처음부터 5명을 고용하여 5명의 제작진행을 3년에 걸쳐 꼼꼼하게 교육하는 방법이 효과적이라고 할 수 있습니다.

전자는 단순하게 계산해서 10명×3년=30명이 되고, 교육하는 작업 소비량으로 치면 6배나 차이가 납니다. 또 '유사 체험'을 경험한 후 현장에서 '실제 체험'을 하게 하면 앞날을 내다보고 자발적으로 움직이게 됩니다. 제작 과정에서 모르는 부분이 있어도 다음 제작 과정을 알고 있다면 요점을 명확하게 파악하여 질문할 수 있게 됩니다. 모르는 점이 있으면 자기 나름 고민하며 상황을 해결하려고 노력합니다. 그런 의미로도 '유사 체험'을 거친 후에 현장에서 '실제 체험'을 하는 교육 방법이 효과적입니다.

최고의 트레이닝 '일지 작성'

신입을 교육하는 과정을 자세히 설명하겠습니다.

단계 ①　　신입 제작진행의 성격, 흥미, 꿈, 인생 설계,

소통하는 방법을 대화하면서 관찰한다

저는 신입사원이 입사하면 먼저 1대1로 대화를 나눌 기회를 만듭니다. 그리고 그 신입이 어떤 성격이며 어떤 식으로 대화를 받아치는지 관찰합니다. 대체로 3번 정도(1번에 1시간~2시간 정도)로 대화합니다. 이 대화 속에는 얼마나 애니메이션을 알고 있는가, 창작 경험은 있는가, 사무 업무는 무엇이 가능한지 판단하고 다음 단계② 의 내용을 조정합니다. 어느 정도 전문 지식이 있는 전문학교 졸업생은 대략적인 작업 과정을 알고 있습니다. 하지만 각 과정에서 제작진행이 어떤 일을 하는지 이해하는 신입은 거의 없습니다.

졸업 작품으로 단편 애니메이션을 만든 적이 있는 신입이라면 어느 정도 이해하기도 하지만, 역시 프로가 활약하는 현장에서는 통하지 않습니다(그런 신입은 자만심을 품은 상태로 업계에 들어오기도 하므로 단계② 에서 코를 납작하게 해 줍시다!).

> 단계 ②　　매일 아침 1시간~2시간 정도 1대1로 애니메이션 제작 과정과 일반 사무직 연수, 작품 제작 방법을 설명한다

단계② 에서는 매일 1대1로 애니메이션 제작 과정을 설명하고, 일반 사무직 연수와 작품 제작 방법을 설명합니다. 그때 저는 일지를 쓰게 합니다. 일지 내용은 아래로 정해져 있습니다.

① 기본 틀은 A4 용지에 자유롭게 작성(ex 엑셀 사용)
② 하루의 시간 축과 시간 단위로 작업 항목,

메모란(자유롭게 쓸 수 있는 공간) 3항목을 필수로 넣을 것

③ 하루 작업이 끝나면 그날 했던 일을 일지에 정리하기

④ 다음날 회의에 제출

일지를 작성하면,

· 작업 시간을 파악할 수 있다

· 질문이나 모르는 점을 그날 내에 기록할 수 있다

· 백지에서 서류를 작성함으로써 요점을 잡은 서류를
  작성할 수 있게 된다

· 하루 동안 자신이 한 작업을 되돌아보며 제작 과정을
  되새길 수 있다

· 메모하는 습관이 생긴다

· 어느 정도 익숙해지면 다음 날 작업 예정표를
  적성하고, 스스로 작업 예측이 가능하게 된다

이러한 점들을 배울 수 있게 됩니다.

또 단계② 에서는 애니메이션 제작 과정뿐만 아니라 각 단계에서 제작진행이 해야 할 일을 가르칩니다. 바로 '유사 체험'입니다. 신입의 머릿속에 애니메이션 제작 과정을 철저하게 주입하고, 하루의 작업 시간을 시각적으로 상상하게(머릿속에 스케줄 표를 떠올릴 수 있게) 되면 단계 ③ 에 들어갑니다.

나이가 비슷한 선배와 일대일

저는 단계② 를 3개월 정도 진행합니다. 시간은 출근 시간 1시간 전부터 시작하도록 합니다. 신입은 새로운 환경 속에서 불안감과 괴로움을 안고 일합니다. 특히 입사하고 3개월은 업무 외에도 불안 사항이 많습니다. 그 부분도 어느 정도 도와주곤 합니다. 그래서 3개월 정도 진행합니다.

> 단계 ③　　신입과 비슷한 세대이며 2년 이상 경험이 있는 선배에게 1대1로 현장 지도를 받게 한다

단계③ 에서는 드디어 '유사 체험'을 졸업하고, 조금씩 '실제 체험'을 시킵니다. 그때 중요한 점은 또래이며 2년 이상 경험이 있는 선배에게 1대1로 현장 지도를 받게 하는 겁니다. 현장 지도는 현역 제작진행이 해야 바람직합니다.

물론 제작 책임자나 프로듀서가 지도해도 좋지만, 책임자를 맡은 사람이 지도하면 신입이 질문하고 싶을 때 회사에 없거나, 나이 차가 많은 상사면 시간상 전화를 걸기 망설여질 때도 있습니다. 그러면 효율적인 지도를 할 수 없습니다.

또 상사에게는 현장에서 느낀 불평불만도 털어놓지 못합니다. 동기나 나이 차가 적은 선배라면 불평하기도 쉽겠지요. 신입의 정신건강을 위해서도 현역 제작진행이 현장지도를 하는 편이 바람직합니다.

선배 측을 교육하는 목적도 있습니다. 신입을 교육할 수 있게 되지 않으면 관리직(제작 책임자나 프로듀서)이 될 수 없으므로 후배 지도를 통해 교육하는 방법을 배우게 합니다. 이것은 애니메이션에만 한정된 얘

기가 아닙니다. 앞으로는 인재교육(신입 교육을 포함하여)을 못 하면 승진이 어려워질 겁니다.

특히 애니메이션에서는 조직력에 회사의 미래가 걸려 있다고 할 수 있습니다. 조직력이 있으면 규모가 큰 계약이나 원하는 일을 하게 될 찬스도 찾아오지만, 반대로 조직력이 없으면 가능성이 작아져 버립니다. 간단히 말하자면 '30대가 되어서 자기가 하고 싶은 일을 하려면 인재육성이 필수'인 셈입니다.

가르치는 제작진행 쪽에도 다음 성장을 위한 경험으로써 필요한 과정입니다.

이 단계③ 은 대체로 3개월 정도 걸칩니다. 신입의 성장 속도에 맞춰 한 달 만에 단계④ 로 넘어갈 때도 있지만, 기본은 3개월입니다. 단계③ 은 이른바 '실제 체험'을 위한 연착륙 기간입니다. 문제없으면 다음 단계로 진행해도 됩니다. 단계③ 을 지도 중에 신입의 질문이 없다면 단계④ 로 넘어갑니다.

TV 시리즈 1화 분량을 통째로 담당

단계 ④　　　한 달을 목표로 자사 작품의 제작진행 업무를 맡긴다(2년차 선배에게 1대1로 현장지도를 받는다)

단계④ 에서는 책임이 따르는 형태로 자사 작품의 업무(TV 시리즈 1화 분량)를 담당하게 합니다. '현재 방영되는 작품을 제작하는 일'의 고됨과 스케줄 감각, 현장 분위기, 스태프의 개성을 1대1로 익히게 합니다. 이때 반드시 단계③ 에서 가르친 선배가 지도하도록 합니다. 책임이 따르는 업무를 시작할 때는 누구나 평소보다 훨씬 긴장하고 불안해집니다. 또한, 현장에서는 프로로서 문제를 해결해야 하는 상황이 반드시 생깁니다. 그때 신입은 해결방법과 대응방법을 모릅니다. 경험에 따른 조언과 정신건강 관리를 위해서도 1대1로 지도할 필요가 있습니다.

단계 ⑤ 1화 분량의 제작진행을 경험했다면 다음은 선배의 조언 없이 제작진행을 맡긴다

단계⑤ 에서는 드디어 본인에게 업무를 맡깁니다. 여기서부터는 본인이 질문하지 않는 이상 미리 조언해주지 않습니다. 실수도 성공도 전부 자기 책임임을 의식하며 일하게 합니다.

단계⑤ 이후 과정에는 합격 라인을 설정하지 않습니다. 기본적으로 본인 의사로 합격을 정하고, 이 이후로 스스로 공부하여 성장하도록 합니다. 물론 가르치는 입장에서 자신의 장래를 위해 상사로서 조언을 주고, 도움과 참견도 합니다. 하지만 손길을 내미는 것도, 도와주는 것도, 기본적으로 작품을 위해서이지 신입의 능력이 부족한 부분을 보완해주기 위해서가 아닙니다. 간단하게 말하면 신입을 성장시키기 위한 조언이 아니라 작품의 질을 올리기 위한 조언인 셈입니다.

프로의 제작 현장은 훌륭한 작품을 만들어야 가치 있는 업계입니다. 훌륭한 작품 없이는 자신이 원하는 성장을 이룰 수 없습니다. 그런 의미로 단계⑤ 이후로는 좋은 작품을 만들어야 자신의 장래와 이어진다는 사실을 의식하게 합니다.

반대로 말하면 작품에 유익하지 않은 업무는 자기 장래의 길을 좁혀버립니다.

단계 ⑥ 타사 작품을 3화 정도 담당하게 한다

자사 작품으로 경험했다면 다음은 타사 작품을 맡게 하여 타사의 애니메이션 제작 방법을 배우게 합니다. 애니메이션 제작 회사가 다르면 '작품에 무엇을 중요시하며 제작하는가'가 달라집니다. 또 기획이나 감독에 따라 달라집니다. 각각 '작품이 만들어지는 의도'를 이해하며 제작하기 때문에 '제작 방법의 다양성'을 배웁니다.

제작 책임자나 프로듀서가 되려면 이 과정이 필요합니다. 자사 작품만 경험하면 표현력에 한계가 생기고, 함께 일하는 스태프도 고정 멤버이기 십상이라 인맥을 잘 만들지 못합니다. 또 애니메이션 업계의 전체 흐름이나 분위기를 주의깊게 보지 못하게 됩니다. 즉, 지금 방영하는 애니메이션이나 새로운 연출 등에 흥미가 없어집니다. 이런 문제들을 막기 위해서도 2년차부터 타사 작품을 맡아보게 합니다.

단계 ⑦　3년차부터는 제작 책임자를 목표로 보고 지도한다

단계⑦은 제작진행의 일을 하면서 제작 책임자로 올라가는 데 필요한 요소를 지도합니다.

가르치는 요소는,

· 예산 관리
· 연출
· 작화 감독 인맥 만들기
· 작품 전체의 스케줄 관리
· 협상 기술
· 인재 육성 기술

입니다.

이 전제로 신입이 제작 책임자로 성장하길 원해야 하지만, 애니메이션 연출가가 되기 위해서도 중요한 과정입니다. 여기까지 오면 제작진행으로 일을 맡길 수 있는 인재가 되어 있을 겁니다.

여기까지가 제가 신입을 교육하는 방법입니다. 절대 이 방법이 정답은 아닙니다. 회사에 따라 다르고, 프로듀서마다 다릅니다. 또 신입으로 업계에 들어오는 인재의 기질도 시대에 따라 변하고 있습니다. 똑같은 방식으로는 절대 훌륭한 인재를 키울 수 없습니다. 그러므로 신입을 육성할 때는 항상 저부터 공부하는 자세로 임하고 있습니다.

제 4 장
실천! 제자 삼아 진행

애니메이션이
만들어지기까지

    지금부터는 제가 실제로 연수에서 가르치는 흐름에 따라 제작진행의 '암묵적 실무'를 배우고, 애니메이션 제작을 '유사 체험'해 봅시다.

    오른쪽은 애니메이션 제작 과정을 시나리오가 올라오고부터의 과정을 순서대로 표기한 그림입니다. 제작진행은 이 모든 과정에 관여하고, 애니메이션 전체의 키잡이 역할을 합니다.

시나리오
UP

설정
준비

컷
나누기

그림 콘티
UP

작화 회의
작감 회의

레이아웃 작업
· L/O(레이아웃) 회수
· L/O 제작 체크
· L/O 연출 체크
· L/O 작감 체크

원화 작업
· 사본 출력
· 원화 제작 체크
· 원화 연출 체크
· 원화 감독 체크

색채
회의

더빙(DB)
- 더빙 전 데이터 교체
- 더빙

리테이크 내기

비디오 편집(V편집)
- V편집 전 데이터 교체
- 비디오 편집

애프터 레코딩(AR)
- 레코딩 전 준비
- 애프터 레코딩

완성

커팅
- 편집실 소재 제출
- 편집 전 준비
- 편집(커팅)

촬영 작업
- 촬영 회의
- 촬영 자료 제출
- 러쉬(rush) 회수&체크

사후 처리
- 감상
- 각 부문에 인사
- 소재 정리
- 작업 보고서 작성

배경 소재 (BG) 회수

채색
- 색 지정 넣기
- 채색하기
- 셀 검수
- 채색 회수

동화 작업
- 동화 발주
- 동화 수령
- 동화 체크

제작진행은 반드시 시나리오를 읽어야 한다!!

우선은 '시나리오 UP 순서'입니다.

과정1 # 시나리오 UP

시나리오는 이야기의 흐름이나 장면, 등장인물을 글로 나타낸 설계도라고 할 수 있다. 이러한 시나리오가 결정되는 단계를 '시나리오 UP'이라고 말한다.

제작 실무

· 시나리오 읽기
· 이야기의 하이라이트(클라이맥스) 신 이해하기
· 내용에 맞는 원화가와 상담 약속 잡기

영상으로 확인

※ QR 코드를 찍을 수 없다면 p189로
※ 영상의 자막 대본 - http://msnp.kr/temp/trigger.pdf

이때의 '**암묵적 실무**', 그것은 '**시나리오 읽기**'입니다.

당연한 거 아니냐고 생각하셨나요?

사실 제작진행들은 시나리오를 잘 읽지 않습니다. 하지만 저는 이것이 악습이라고 생각합니다.
제작진행은 반드시 시나리오를 읽어야 합니다!!
이렇게 말하는 데는 두 가지 이유가 있습니다.

하나는 스케줄 면에서!

제작진행의 업무는 원화가와 상담을 잡는 일부터 시작합니다. 그림 콘티가 완성된 이후에 상담을 잡으면 이미 늦습니다. 원화가들은 대체로 2, 3개 작품을 동시에 작업하기 때문에 다른 작품보다 먼저 자기 담당 작품을 넣으려면 1분 1초라도 빨리 의뢰하러 찾아가야 합니다.

그림 콘티가 완성된 후에 일을 의뢰하면 작업에 들어가는 타이밍이 늦어져 버려서 나중에 반드시 스케줄을 압박하는 요인이 됩니다. 가능하면 그림 콘티가 올라오기 한 달 전쯤부터 상담을 잡으면 좋습니다. 그러려면 제작진행이 시나리오를 읽고, 어떤 내용의 이야기인지 파악해 둬야 합니다.

원화
애니메이션에서 움직임의 요소가 되는 그림을 그리는 작업. 원화 작업은 레이아웃과 제2원화 과정으로 나뉜다.

또 한 가지 이유는
'애니메이션은 엔터테인먼트'라는 사실을 의식하기 위해서입니다.

엔터테인먼트의 역할은 시청자에게 감동을 주는 것입니다. 감동이란 가슴을 뛰게 하고, 재미와 슬픔, 혐오, 공포, 우스꽝스러움 같은 감정의 흔들림을 말합니다. 제작진행은 시나리오를 쭉 읽고, 각본가가 시청자의 마음을 어떻게 움직이려고 하는지 이해해야 합니다.

서두에도 적었듯이 애니메이션 제작 과정의 처음부터 마지막까지 관여하는 사람은 연출과 제작진행뿐입니다. 각본가의 생각, 연출의 의도를 파악한 상태에서 업무를 보지 않으면 결코 살아있는 영상이 되지 않습니다. 구체적으로 '담당한 화의 절정(하이라이트)가 어디인지', '연출이 시청자에게 보이고 싶은 부분이 어디인지'를 이해하지 않는 한, 컷의 우선 순위를 정할 수 없고, 적절한 작업 과정을 도출할 수도 없기 때문입니다.

연출

그림 콘티를 영상화하기 위해 각 장면에 연기나 완성된 이미지 등을 지시하는 역할. 또는 작업.

아니메 미라이

2013 기획

リトル ウィッチ アカデミア

리틀 위치 아카데미아

최종 원고

오오츠카 마사히코
2012. 7/18

등장인물

카자미 아츠코(앗코)

롯데

수시

다이애나

미스 마일즈(담임)
노교사

캐리
한나
바바라
엘리사
사피아

○ 거실(회상)
거실 소파에 걸터앉아 TV를 보는 앗코(4살). 자세히 보면 주변은
캐릭터 장난감투성이.

앗코 (M)　"내 안에 가장 오래된 기억. 그것은 텔레비전에서 방영하던 드라마,
'마이 리틀 위치 샤이니 샤리오'를 집중해서 보고 있는 나. 샤리오의
마법, 의상, 초록색 눈동자, 목소리, 그리고 불타는 듯한 붉은 머리!
이 모든 것이 어린 나의 심장을 사로잡았습니다."

샤리오　"마크미르 미크미르 메크토라르 시간이여 멈춰라!"
TV 화면에서 마법 지팡이를 휘두르는 샤리오를 따라 하며 지팡이를
휘두르는 앗코.

○ 이벤트 광장(회상 · 밤)
관객으로 가득 찬 광장, 엄마의 손을 잡고 찾아온 앗코.

앗코 (M)　"그렇게 마법을 좋아하는 나를 위해 엄마가 데리고 와준 샤리오님의
마법 쇼"
불꽃과 빛 가루가 난무하는 축제. 빗자루에 올라탄 샤리오가 날아와
무대 중앙에 착지한다. 빗자루를 지팡이로 변화시켜 포즈를 취하자,

화려한 스포트라이트를 받는 샤리오.

앗코 (M)　　　"정말 최고 중에도 최고! 마법에 걸린 그 순간. 물론 어릴 적
　　　　　　　기억이라 망상에 망상이 덧씌워져서 사실인지 꿈인지 솔직히
　　　　　　　확실하지 않다"
　　　　　　　마법으로 만들어낸 거대한 드래곤이 광장을 덮친다.

샤리오　　　　"마크미르 미크미르 메크토라르 샤이니 아르크!"
　　　　　　　샤리오가 손에 든 지팡이를 황금 활로 변화시켜 화살을 쏜다. 금색
　　　　　　　화살에 명중한 드래곤이 불꽃처럼 사방으로 흩어진다.

앗코 (M)　　　"하지만 그날 밤 이 눈으로 본 샤리오님의 모습이 내 인생을
　　　　　　　결정지었다."
　　　　　　　마치 앗코에게 말을 걸듯이 샤리오의 시선이 앗코와 겹쳐진다.

샤리오　　　　"마법을 믿는 마음, 잊지 마렴"
　　　　　　　매료되듯 그 광경을 바라보는 어린 앗코.

앗코 (M)　　　"그것만은 변치 않는 진실"

○ 거실(회상)
어린이용 입문서를 보면서 박쥐 날개를 비틀어 팔팔 끓는 가정용
냄비에 집어넣는 앗코. 빛나는 보라색 연기가 확 치솟자 실내에
비가 내린다. 방에서 편히 쉬고 있던 엄마와 아빠가 홀딱 젖는다.

앗코 (M)　　　"그날 이후 의욕에 불탄 나는 마법 입문서를 고작 3일 만에 마스터.
　　　　　　　이런 내게 아빠와 엄마도 깜짝 놀랐다"

○ 앗코의 방(회상)
여기저기에 말린 도마뱀, 벌레로 가득 찬 상자가 널려 있는 상당히
수상쩍어 보이는 아이의 방. 교재 영상을 보면서 본격적인 마법
항아리로 조합 중인 앗코.

앗코 (M)　　　"신동이라 믿었던 딸을 위해 온갖 마법 교재를 사주셨다"

○ 초등학교 강당(회상)

마법 의상을 입은 초등학생 앗코.

앗코 (M)　　　"이건 초등학생인 나"

그리고 시나리오는 애니메이션 제작 과정에서 제일 먼저 작성되는 '글로 쓴 설계도'입니다. 설계도를 이해해서 원화가를 고르고, 담당 장면을 정하여 작업의 우선 순서를 정하지 않으면 그저 캐릭터가 움직이기만 하는 영상을 만드는 작업이 되어 버려서 보는 사람에게 감동을 주는 작품이 되지 않습니다.

다른 스태프에게도 "이 녀석은 애니메이션을 잘 모르네……."라는 평가를 받게 됩니다.

그러므로 제작진행은 반드시 시나리오를 읽어야 합니다!

그리고 그 후에 애니메이션 제작 순서를 정해야 합니다! 특히 이 단계는 상당한 창의성을 요구하는 작업입니다! 제작진행도 애니메이션을 만드는 크리에이터 중 한 사람임을 명심합시다!

그림 콘티를 '읽기' 위해 필요한 것

이어서 '그림 콘티 UP'입니다.

과정2 그림 콘티 UP

시나리오를 토대로 애니메이션으로 어떻게 컷을 나누고, 카메라 앵글, 캐릭터를 연기하게 할지 그린 것을 그림 콘티라고 한다.
'그림 콘티 UP'은 이것이 최종적으로 결정되는 단계를 말한다.

제작 실무

· 그림 콘티 읽기(컷 안의 연기 내용이나 작화 비중을 확인한다)
· 컷 번호 체크(컷 수가 초과하지 않은지 확인)
· 총 초수 체크(초수가 30초 이상 초과했는지 어떤지)
· 총 매수 예상(규정 매수를 얼마나 초과할 것 같은지)
· 연출가와 협의(매수, 컷 분할, 분위기)
· 원화가에게 작업 의뢰하기

영상으로 확인

02:11

그림 콘티가 올라왔을 때 해야 하는 '암묵적 실무'는 두 가지가 있습니다.

① 그림 콘티를 읽을 것
② 연출가와 협의하기

그림 콘티란 애니메이션 제작 설계도입니다.

제작진행은 그림 콘티를 꼭 읽어야 합니다. 그럼 그림 콘티를 어떻게 읽어야 할까요?
구체적인 내용을 정리했습니다.

· 애니메이션 용어를 이해하고 각 컷의 영상을
  머릿속에 떠올린다
· 이야기의 기승전결을 이해한다
· 이야기의 극적 장면을 이해한다
· 전후의 흐름을 확인해서 어떤 장면인지 이해한다
· 각 컷의 작화 난이도를 판단한다

그림 콘티

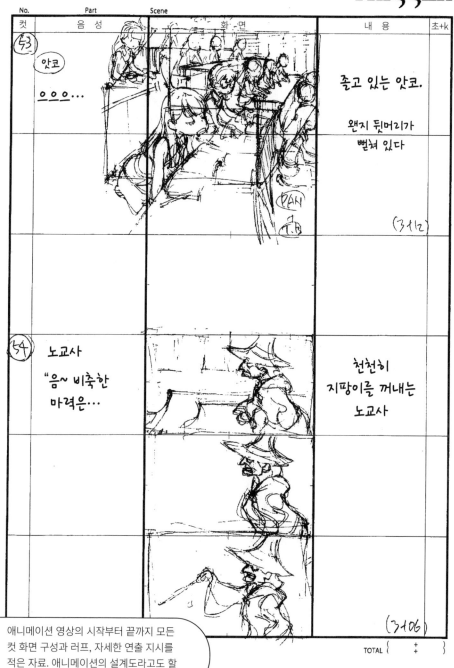

컷	음 성	화 면	내 용	초+k
53	앙코 으으으...		졸고 있는 앙코. 왠지 뒷머리가 뻗쳐 있다 (3+12)	
54	노교사 "음~ 비축한 마력은…"		천천히 지팡이를 꺼내는 노교사 (3+06)	

애니메이션 영상의 시작부터 끝까지 모든 컷 화면 구성과 러프, 자세한 연출 지시를 적은 자료. 애니메이션의 설계도라고도 할 수 있다.

TOTAL { + + }

No.	Part 음 성	Scene 화 면	내 용	초+k
205			파이어볼을 2초간 PAN 파이어볼을 삼킨다	
	SE 퍼엉!		속에서 폭발	
			꿀꺽 넘긴다	
			이번에는 덩치가 불어난다. 점점 키가 커짐 (3+00)	
206	한나 첸! 끈질기네		기분나쁘게 슬금슬금 다가오는 드래곤 조금 놀라는 한나와 바바라 (2+14)	

HDフレーム   T.B   TOTAL { + / + }

컷	음 성	화 면	내 용	초+k
㉛				
	나와라!!		몸을 틀어서	
	빛의		지팡이를 꺼내고	
			변형시켜	
	활이여!!		활을 만든다	
	드래곤			(3100)
㉜	크아아아		더더욱 쫓아오는 드래곤	(1+12)

HDフレーム

TOTAL { + + }

그림 콘티가 올라오면 제작진행은 담당하는 화수(시리즈 내의 1에피소드)의 인원(주로 원화가)을 배치합니다. 자신이 완성할 화수를 어떤 크리에이터에게 맡길지 고민하고 의뢰하는 겁니다. 이때 각 크리에이터의 장단점을 고려하여 컷을 나누는 것이 중요합니다.

메카닉 위주의 화려한 전투 장면이 있다면 메카닉을 잘 모르는 사람에게 부탁하기보다 메카닉에 빠삭하고 잘 그리는 사람에게 부탁해야 당연히 좋은 컷이 완성됩니다.

크리에이터에게는 제각각 특성이 있습니다. 뭐든 잘 그리는 사람, 생활 연기를 잘 그리는 사람, 액션을 잘 그리는 사람, 메카닉을 잘 그리는 사람 등 다양한 특성이 있습니다. 제작진행은 여러 크리에이터의 특성을 파악하고, 또 그 사람에게 맞는 장면을 배정해주기 위해 고민해야 합니다. 그러기 위해서는 전체 콘티를 읽고, 의뢰할 장면과 컷이 어떤 내용인지 이해해둬야 합니다.

하지만 이제 막 제작진행이 된 신입은 그림 콘티를 '읽는' 능력이 부족할 수밖에 없습니다. 그럴 때는 연출이나 감독과 상담해봅시다.

연출은 담당 화수의 책임자입니다. 회사로 따지면 감독은 사장, 연출은 각 부서의 부장인 셈이지요. 담당하는 화수에서 다양한 결정권을 가지고, 시청자에게 감동을 제공하는 것이 연출의 역할입니다. 애니메이션을 제작할 때 제작진행과 연출은 항상 함께 행동합니다. 제작진행이 모아온 컷을 받으면 연출은 체크를 하고, 제작진행은 체크된 컷을 각 부서에 돌립니다. 함께 협력하여 담당 화수를 만들어 갑니다. 이때 제작진행이 자신이 담당한 화수의 의도를 파악하지 못하면 업무가 효율적으로 진행되지 못합니다. 제작진행은 반드시 연출가와 상담합시다!

특히 그림 콘티를 읽지 못하는 신입은 주의합시다!
연출과 상담하여 이야기의 기승전결이나 극적 장면을 상상하면서 그에 맞는 크리에이터를 배치하고, 스케줄에 맞춰서 어떻게 작업할지 함께 검토합니다. 신입은 연출에게 끊임없이 상담하면서 애니메이션 제작의 중요한 점들을 배워갑니다. 가혹한 스케줄 속에서 타협하지 않고, 작품을 완성하는 방법 등 대학이나 전문학교에서 배우지 못하는 실질적인 방법을 배웁니다.

감독

애니메이션 작품의 창작·연
출 면에서 최고 책임자.

절정이 항상 마지막에 오라는 법은 없다

그럼 다음은 그림 콘티를 읽은 뒤 '컷 나누기'에 관해 설명하겠습니다!

과정3 # 컷 나누기

그림 콘티를 장면 단위로 나누고 원화가들이 각자 담당할 컷을 배정하는 작업

제작 실무

· 연출가와 협의하여 컷 내용을 파악
· 각 원화가가 담당할 컷 정하기(그 화의 핵심이 되는 장면을 고려하여 배분한다)

제작진행은 그림 콘티가 올라오는 즉시 '콜시트'라는 것을 작성합니다. 콜시트란 옛날이나 지금이나 연극 무대 혹은 실사 영화 촬영 현장에서 쓰이는 것인데 출연하는 모든 배우의 배역명, 등장·퇴장하는 장

면을 일목요연하게 표시하고, 어떤 장면에 어떤 배우와 도구가 필요하다는 사항을 한눈에 알 수 있도록 정리해 놓은 표를 말합니다.

애니메이션에서는 모든 등장 인물이나 소품 등 설정 하나하나에 각각 애니메이터가 배정되어 원화와 동화를 그리고, 채색 담당이 색을 칠하고, 미술 담당이 배경이나 날씨를 그립니다. 실사에서 쓰이는 콜시트와 조금 다르지만 역할은 같다고 생각해도 문제없습니다.

이제 제작진행은 콜시트를 작성하면서 각 장면의 내용과 중요성을 파악합니다. 각 장면의 내용을 파악한다는 말은 곧 작화의 통일성과 중대성을 생각한다는 말입니다. 예를 들어 그 장면이 생활 연기(자기·먹기·말하기·걷기·앉기 등)인지, 액션(다투기·달리기·싸우기·경쟁하기 등)인지, 감정적인 장면(결심하기·헤어지기·죽기·고백하기 등)인지. 그 장면이 어떤 상황이며 그 장면을 그리기 얼마나 힘든지를 제작진행은 알아야 합니다.

또 각 장면의 중요성을 파악하려면 '기승전결'과 '절정'을 알 필요가 있습니다. 연출은 1화 속에 반드시 '기승전결'을 짜고, '절정'을 의식하며 그림 콘티를 구성합니다.

여기서 중요한 점이 '절정'이 항상 마지막에 오지는 않는다는 것. 통상적으로 관객이 봐줬으면 하는(전하고 싶은) 결정적인 장면을 이야기 후반에 넣지만, 한 화가 30분이 되지 않는 TV 애니메이션에서는 가끔은 서두에 넣기도 하고, 중간에 넣기도 합니다. 어디가 절정인지 모르겠다면 연출에게 상담합시다.

다음은 「리틀 위치 아카데미아」에 사용한 콜시트의 예시입니다.

씬	컷 나누기	컷 수	담당자	시간	장소
1. 이벤트 광장	001 ～ 044	044	사카모토	회상·밤	사람이 빼곡한 광장
2. 마법 학교	045 ～ 061	017	요시가키	오전	강당, 안뜰, 복도
3. 교실	062 ～ 079	018	요시가키	오전	마법 학교 교실과 카페
4. 비행 수업	080 ～ 102	023	요네마야	오후	신월의 탑 전망대
5. 카자미 아츠코의 방	103 ～ 116	014	요네마야	밤	기숙사
6. 보물찾기가 시작되는 문과 지하 던전	117 ～ 137	021	덴도	오전	신월의 탑 지하 던전 입구
		045	가네코	오전	지하 던전

콜시트

각 장면의 내용이나 담당을 일람할 수 있게 정리한 표. 제작진행은 이 표를 작성하면서 각 장면의 분위기와 통일성을 파악한다.

내용	캐릭터	복장	소품	비고
카자미 아츠코 (어린시절) 카자미 아츠코의 엄마 샤이니 샤리오 마법으로 만든 드래곤	평상복 （？） （？） 마녀 의상	샤리오의 빗자루 (지팡이로 변화) 샤리오의 지팡이 (금색 활로 변화) 황금 활	샤리오의 빗자루 (지팡이로 변화)	
마법을 설명하는 노교사	노교사 （off）			노교사: 대사만
잠에서 깨어, 말다툼하는 카자미 아츠코와 친구들	노교사 카자미 아츠코 다이애나 롯테 수시 바바라 한나 엘프리데 선생		노교사의 지팡이 연고 면봉	
비행 수업에 실패한 카자미 아츠코	카자미 아츠코 롯테 수시 다이애나 한나 바바라 교관		빗자루	
샤리오를 얘기하는 카자미 아츠코와 친구들	카자미 아츠코 롯테 수시		반창고	
보물찾기를 설명하는 엘프리데 선생	엘프리데 선생 카자미 아츠코 롯테 수시 작은 몬스터 요정 학생들		칠판 해골모양 랜턴	칠판에 판서되어 있음
지하에서 미노타우로스를 만나고, 더 깊은 계층으로	카자미 아츠코 롯테 수시 대형 몬스터 미노타우로스 한나 다이아나 바바라		백골화한 기사의 검과 창 등 다이아나용 빗자루 빗자루 x 2	

일상 장면이 특기인 애니메이터에게 전투 신을 그리게 하면······

원화가의 특성을 고려한다는 말은 원화가의 특기를 아는 것. 그리고 그 사람에게 맞는 장면을 나눠주는 것입니다. 앞에서도 조금 언급했지만, 크리에이터에게는 제각기 특기가 있습니다. 생활 연기를 잘 그리는 사람, 액션 장면을 잘 그리는 사람, 기계를 잘 그리는 사람, 효과를 잘 그리는 사람 등.

프로듀서
작품 기획, 제작의 총 책임자

예로 들자면 영화 취향이 다른 것이나 마찬가지입니다. 로맨스를 좋아하는 사람이 있는가 하면 액션 영화를 좋아하는 사람이 있듯이 크리에이터에게도 사람마다 잘하는 장르가 다릅니다. 제작진행은 각 크리에이터가 어떤 장면을 잘 그리는지 파악한 후에 원화 작업을 맡겨야 합니다.

제작진행은 각 장면의 내용과 중요성을 확인하고, 크리에이터의 특성을 고려해서 각 컷을 나누고, 원화가와 협상합니다. 물론 장면 내용이나 특성 외에도 스케줄이나 개런티도 감안하여 원화가에게 의뢰하는데, 중요한 것은 '왜 그 컷을 그 사람에게 맡기고 싶은지'를 제대로 전달해야 합니다.

'그 사람이어야 하는 이유'는 애니메이션 제작에 있어서 굉장히 중요한 사고방식입니다. 제작 책임자든 프로듀서든 이 부분에 대한 개념이 없으면 작업이 되지 않습니다.

'작품'을 만드는 것은 '사람'입니다.

그 '사람'이 그 '작품'에 왜 필요한지를 설명하지 못하면 '사람'이 모이지 않습니다. 제작진행도 제작 책임자도 프로듀서도, '작품'을 만들기 위해 '사람'을 모으는 것이 일입니다. '왜 그 컷을 그 사람에게 맡기고 싶은지'를 생각해야지만 장래에 자신이 원하는 작품을 제작하는 길로 이어질 수 있습니다.

설정 누락 발생! 그때 제작진행은!?

이어서 '설정 준비' 작업입니다.

여기에 꼭 해야 하는 '암묵적 실무'는 두 가지가 있습니다.

① 설정 내용 파악하기
② 반드시 작화감독과의 협의 즉 작화 회의 전날까지
   작업 준비 완료하기

과정4 설정 준비

애니메이션에서는
정해진 캐릭터나 세계관을
여러 크리에이터들의 작업물에서
일관성 있게 유지하기 위해
수많은 설정을 잡습니다. 주로,

· 캐릭터 설정
· 미술 설정
· 소품 설정
· 표정집

영상으로 확인

02:51

· 작화 감독 수정집

등이 필요하므로, 이를 준비합니다.

제작 실무

· 콜시트 작성(장면마다 캐릭터, 소품 등을 표로 작성한 것)
· 각 화 설정 준비
· 설정이 부족한 부분은 연출과 상담하며 대응하기
  (완성된 설정 기다리기, 원화 의뢰, 각화의 작화감독과 작성, 사진 자료
  참고 등)
· 각 원화가와 작화 회의 전까지 그림 콘티, 설정,
  작화용지, 자료를 배부(되도록 회의 때 배부하지 않기. 또 타
  화수 영상을 참고로 제출하기)

애니메이션에 쓰이는 설정에는 2종류가 있습니다. 하나는 메인 디자이너가 짠 설정!

설정집이나 잡지에서 보신 분도 계시겠지요. 메인 스태프의 캐릭터 디자인이나 미술 감독이 그린 설정입니다. 이들 설정은 많은 크리에이터가 다 함께 그리는 애니메이션 제작 작업 안에서 그림체와 크기 비율의 통일성, 세계관을 공유하려는 목적으로 작성합니다.

다른 하나는 각 화나 특정 장면에만 등장하는 설정입니다.

이런 설정은 해당 장면에 관여하는 스태프끼리만 공유해도 됩니다. 이것은 작화감독이나 원화가가 디자인하거나 가끔은 제작진행이 책이나 인터넷에서 참고자료를 모아올 때도 있습니다.

이미 준비된 설정자료는 바로 정리할 수 있습니다. 문제는 '필요한데 없다는 것을 알게 된 설정'이 위의 어디에 해당하느냐입니다.

메인 디자이너가 짜야 하는 설정이라면 바로 의뢰해서 언제 완성될지 확인합니다. 작화감독이나 원화가가 디자인하는 설정이라면 누구에게 의뢰할지, 작업 비용은 어떻게 할지 확인합니다. 물론 마감일도 정합니다. 제작진행이 참고자료를 책이나 인터넷에서 모아 와야 한다면 바로 수집해서 연출이나 작화 감독에게 내용을 확인받습니다.

그림 콘티가 나오면 빨라도 바로 다음 날, 늦으면 일주일 후에 다음 과정인 작화감독 회의, 작화 회의 일정이 잡힙니다. 제작진행은 그 기간 내에 모든 설정을 확인하고, 상기 의뢰를 해 두어야 합니다.

애니메이션에서 설정 분량이 얼마나 있다고 생각하나요? 50가지? 100가지? 아뇨, 어떤 작품이든 대체로 200가지는 넘습니다. 등장하는 캐릭터가 많은 작품이면 모든 설정을 합쳐서 400가지가 넘습니다.

도저히 전부 파악하기 힘든 개수지요. 그래서 이 막대한 설정을 혼란스럽지 않게 관리하기 위해 '설정제작'이라는 역할이 있습니다.

이 설정제작이 설정을 관리하는 능력에 따라 작품 전체의 제작 과정이 순조롭게 진행되느냐 아니냐가 크게 달라집니다. 그리고 각 화의 설정도 제작진행이 제대로 파악하지 않으면 담당 화수의 제작 과정이 순조롭게 흘러가지 않습니다. 제작진행은 자기 담당 화수에 필요한 설정을 반드시 파악하십시오!

매지컬 스타
샤이니 샤리오

러프

샤이니
로드

설정자료:「리틀 위치 아카데미아」에서

설정자료

애니메이션 영상의 시작부터 끝까지 모든 컷
화면 구성과 러프, 자세한 연출 지시를 적은
자료. 애니메이션의 설계도라고도 할 수 있다.

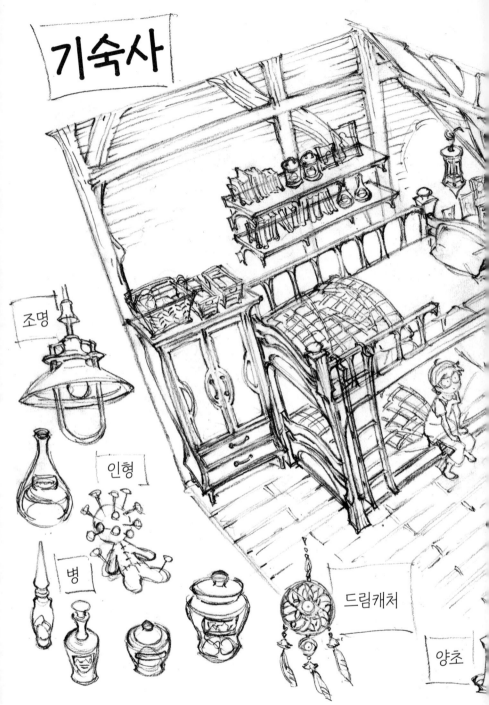

기숙사

조명

인형

병

드림캐처

양초

설정자료: 「리틀 위치 아카데미아」에서

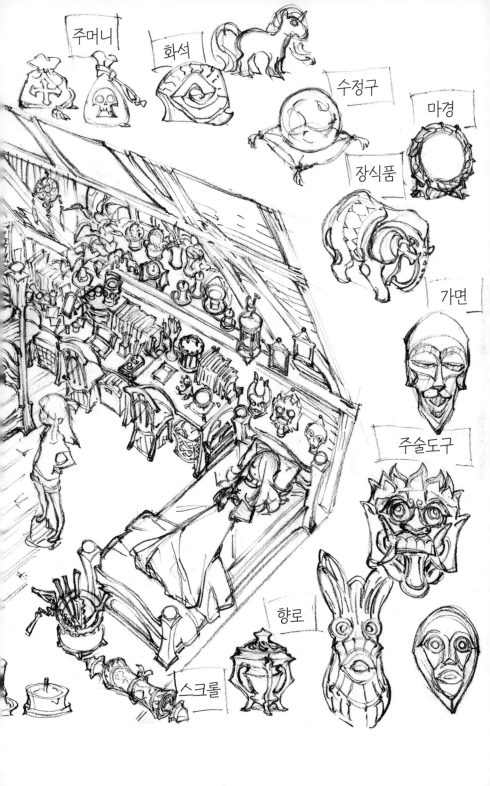

주머니

화석

수정구

마경

장식품

가면

주술도구

향로

스크롤

빗자루 탑승人

참고

설정자료: 「리틀 위치 아카데미아」에서

우드데크

설정자료:「리틀 위치 아카데미아」에서 .

전망대

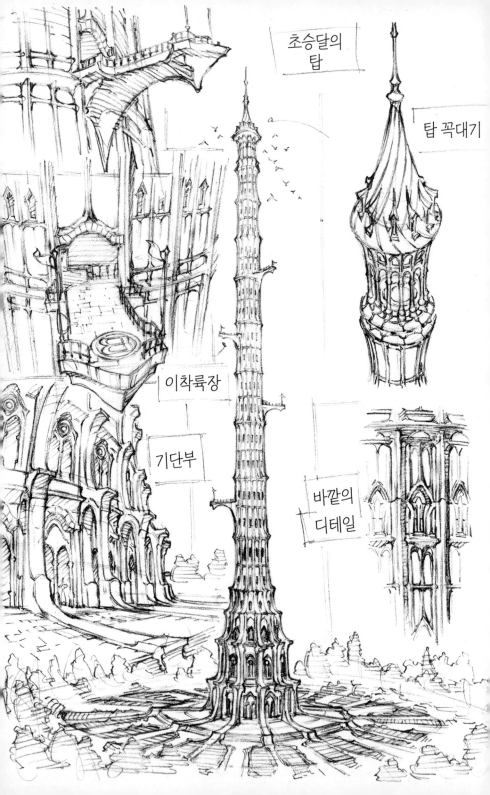

초승달의 탑

탑 꼭대기

이착륙장

기단부

바깥의 디테일

※참고로 연출을 꿈꾸는 제작진행은 '설정제작'을 한 번 담당해 보면 좋습니다. '설정제작'은 시나리오 회의부터 참가하여 시나리오에 필요한 설정들을 뽑아냅니다. 그러면 감독이나 각본가 등 메인 스태프와 교류할 기회가 많아지므로 애니메이션에 필요한 연출 요소를 배울 수 있습니다. 애니메이션 연출을 꿈꾸는 제작진행은 꼭 시도해 보세요!

스케줄대로 끝나는 일은 없다!

이제 '작화감독(작감) 회의와 작화 회의' 작업입니다.

과정5

작화 회의
작감 회의

연출과 작화감독 및 원화가가
작업할 컷 내용을 상의합니다. 주로,

· 연기
· 레이아웃(카메라 앵글)
· 시간
· 감정 설명 등

등을 협의하게 됩니다.

제작 실무

· 연출, 작화감독, 원화가의 스케줄을 확인하고,
  회의 일정 잡기

- 회의에 참가하여 컷 내용 파악하기
  (작화에 필요한 자료나 설정을 확인하여 회의 후에 배부)
- 원화가에게 스케줄 전달
  (L/O UP, 원화UP, 첫 회수 확인, 회수시간 등)

이 단계의 '암묵적 실무'는 두 가지가 있습니다.

① 컷 내용 파악하기
② 스태프의 작업 분위기와 다른 작업 파악하기

자, 여기서부터 제작진행이 실력을 보여줄 때입니다!

매일매일의 관찰력과 행동력과 협상 능력과 체력과 기력이 필요합니다! '작화감독 회의·작화 회의'가 그 시작의 신호! 필름을 납품하기까지 쉬지 않는 레이스가 시작됩니다!

'그림 콘티 UP'에서 설명했지만, 제작진행은 그림 콘티로 컷 내용을 파악해야 합니다. '작화감독 회의·작화 회의'에서 연출이 담당 크리에이터(작화감독이나 원화가)에게 각 컷마다 내용을 설명하므로 신입 시절에는 그 내용에 귀를 기울이고, 스스로 컷 내용을 파악할 수 있도록 합시다.

카메라 앵글이나 컷 안에서 필요한 연기는 물론이거니와 컷에서 의도하는 내용, 전후 연결, 캐릭터의 감정도 확인합니다. 그리고 컷의 작화 내용(어려운 장면인지 아닌지, 시간이 걸리는지 아닌지)도 확인합니다(작화 내용에 따라서 스케줄 조정과 작업 단가 조정이 필요해지기도 합니다).

이 모든 것은 크리에이터가 실제로 스케줄 내에 작업을 끝낼지 어떨지를 판단하는 데 필요한 정보입니다. 제작진행은 각 부문 크리에이터의 작업을 스케줄대로 끝내게 하는 것이 역할입니다. 끝난다면 문제없음! 하지만 이 업계는 90% 이상이 못 끝냅니다! 제가 단언합니다! 제작진행이 똑바로 상황을 파악하지 않으면 절대 끝내지 못합니다! 다시 한 번 말합니다! 못 끝냅니다!

애초에 모든 작업이 스케줄대로 끝난다면 제작진행이라는 역할이 존재하지 않았겠지요! 끝나지 않으니까 제작진행이 필요한 겁니다!

즉, 제작진행은 작업의 방관자(컷 배달부)여서는 안 됩니다. 인솔자(작업 진행자)여야 합니다. 스케줄을 머릿속에 그리며 크리에이터의 작업을 조정할 것! 그러기 위해서 크리에이터의 작업 내용을 똑똑히 파악해둘 것! 그러기 위해서 컷 내용을 제대로 파악해둘 것!

조금 전문적으로 말하자면 스케줄 내에 원화가 끝날 기미가 보이지 않을 때 '제2원화 의뢰 작업'이라는 상황이 발생합니다. 레이아웃 작업이 끝난 원화 작업을 다른 크리에이터에게 부탁하는 일입니다.

마감을 지키기 위해서라면 싸움도 마다하지 않는다

이때 컷 내용을 제작진행이 충분히 파악하지 못하고 도움을 요청할 크리에이터의 특기나 작화 실력을 고려하지 않은 채 컷을 배분하면 엉뚱한 컷이 올라오게 되고, 결국 작화감독이 전부 수정하게 되는 상황이 발생하며, 스케줄을 지키지 못하는 상황에 이릅니다. 이는 그 누구도 아닌 단순히 정보가 부족한 제작진행의 판단 실수입니다!(신입 무렵에는 혼자 판단하지 말고 반드시 연출이나 작화 감독과 상담합시다)

인솔자(작업 진행자)인 이상 실수는 용납할 수 없습니다. 비상사태에 대비하는 차원에서도 컷 내용을 제대로 파악해둡시다.

회의가 끝나면 작업 담당자에게 스케줄을 정확하게 전달합니다! 이때 해당 작업자가 맡은 다른 작업의 상황도 반드시 확인합시다! 크리에이터는 항상 여러 작품을 동시에 진행합니다. '한 작품만' 진행하는 스태프는 거의 없습니다. 그렇다면 어쩔 수 없이 마감이 가까운 작업부터 하기 마련입니다. 자신이 의뢰한 작품이 그 시점에서 그 작업자에게 몇 번째 작업인지 파악해 두면 스케줄 조정이나 회수 타이밍에 맞춰 전략을 짤 수 있습니다.

반대로 다른 업무 상황을 파악하지 않고 스태프에게 억지를 부리면 절대 안 됩니다. 스태프의 작업 상황을 파악하고, 순조롭게 작업할 수 있도록 배려하면 좋은 필름이 완성됩니다. 물론 스태프의 사정만 배려하느라 작품 스케줄을 압박하는 상황이 되어서도 안 됩니다. 상대방의 상황도 고려하면서 이쪽 상황도 이해시킨다! 가끔은 전략적인 싸움과 협상도 필요합니다!

스태프가 맡은 모든 업무를 파악해 두지 않으면 전략적인 싸움과 협상도 할 수 없습니다. 상대방을 아는 것이 훌륭한 필름을 만드는 첫걸음입니다!

크리에이터가 좋아하는
과자까지 파악한다

원화가가 그림 콘티와 회의 내용을 토대로 레이아웃(L/O)을 작성하면 제작진행이 그것을 회수합니다. 그 과정을 'L/O 회수 ~ L/O 반납'이라고 부릅니다.

레이아웃(L/O)

그림 콘티에서 완성화면을 상상하며 배경 구도나 카메라 위치, 캐릭터 움직임이나 배치를 결정하며 그리는 것. 또는 그런 작업.

과정6

L/O 회수

원화가가 그림 콘티와 회의 내용을 토대로,
레이아웃을 작성한다.
제작진행은 이를 회수한다.
레이아웃에서는 아래를 결정한다.

· 카메라 앵글
· 배경 설계도
· 캐릭터의 러프 연기
· 시간과 광원

영상으로 확인

04:29

제작 실무

· 각 원화가에게 회수 시간을 확인하기
· L/O 회수하기
    (회수하면서 다음 회수일을 확인. 또 다른 업무 상황 듣기).

    원화가와 만났을 때가 포인트입니다.
    그때 얻는 정보 수집이 나중에 도움이 됩니다.
    특히 건강 상태, 다른 업무 스케줄, 옷차림을 체크합시다.

과정6 ②

L/O 제작 체크

제작진행이 L/O를 체크.

제작 실무

· 올라온 L/O 정보를 관리 시트에 기재
· 컷 내용을 확인(그림 내용 확인)

과정6 ③

L/O 연출 체크

연출이 L/O를 체크.

· 사전에 연출이 체크할 시간을 확인

제작 실무

· 연출에게 체크받기
· 체크 후에 컷 내용 분위기 묻기
· 체크 후 관리 시트에 기재
· 수정 내용을 확인해서 원화가에게 되돌려주기

과정6 ④

L/O 작감 체크

작화감독이 L/O를 체크.

제작 실무

· 사전에 작감이 체크할 시간을 확인
· 작감에게 체크받기
· 체크 후 컷 내용 분위기 묻기
· 체크 후 관리 시트에 기재
· 수정 내용을 확인해서 원화가에게 되돌려주기

과정6 ⑤

사본 출력

배경 설계도인 레이아웃을 배경 담당에게 건네기 위해
복사하는 작업.

· 카메라 앵글
· 배경 설계도
· 캐릭터의 러프 연기
· 시간과 광원

제작 실무

· L/O에서 배경이 그려진 부분과 캐릭터가 그려져
  있는 부분을 복사하기.
· 원본은 미술 담당에게, 사본은 원화가에게
  돌려주기
· 사본은 색채 회의 전까지 전부 준비하기
· 배경 발주서를 끊고 미술 담당에게 사본 건네기

과정6 ⑥
L/O 반납

원화가에게 레이아웃을 돌려준다.

· 카메라 앵글
· 배경 설계도
· 캐릭터의 러프 연기
· 시간과 광원

제작 실무

· 원화가에게 L/O 돌려주기
· 다음 회수일 확인하기

조금 복잡하고 머릿속에 그리기 어려울 테니 다음 페이지부터 나오는 실제 작업물들을 보면서 스스로 구상해 보십시오.

미술
작품 세계의 공간을 만들고
디자인하는 역할. 배경작업
책임자.

레이아웃

한 컷의 완성원화를 상상하며 배경 구도나 캐릭터의 움직임·배치를 결정. 그림 콘티보다 세밀하게 그려진 설계도를 레이아웃(제작현장에서는 L/O라고 줄인다)이라고 부른다.

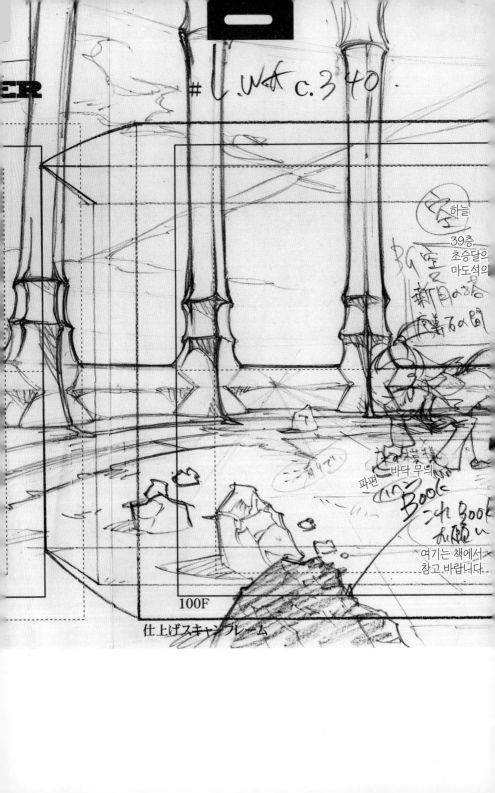

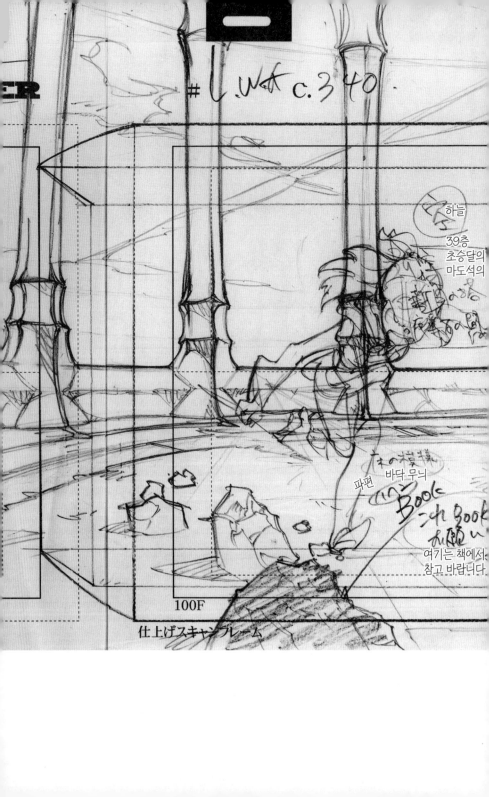

레이아웃: 「리틀 위치 아카데미아」에서

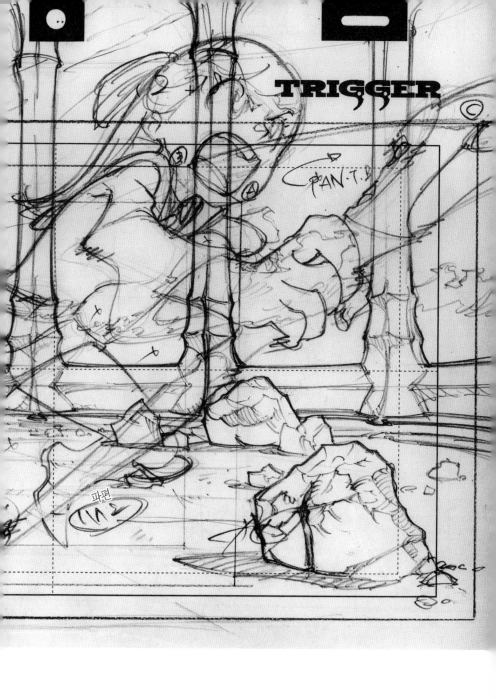

레이아웃: 「리틀 위치 아카데미아」에서

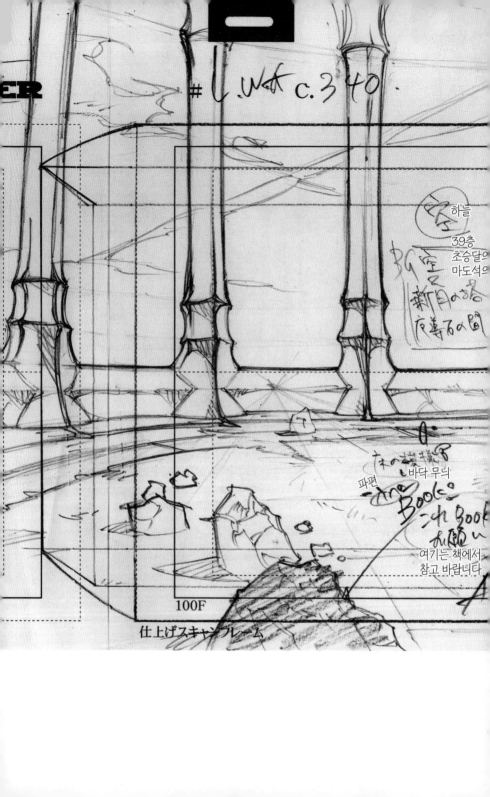

레이아웃: 「리틀 위치 아카데미아」에서

'L/O 회수~L/O 반납' 과정에서 꼭 해야 하는 **'암묵적 실무'**는 두 가지가 있습니다.

① 얼굴을 마주 보고 대화하기
② 연출가 작화감독과 매일 대화하기

L/O는 간단히 말하자면 원화가가 그림 콘티를 토대로 실제 화면설계도를 그리는 작업입니다. 제작진행은 원화가가 그린 레이아웃을 그때그때 회수하고, 책임자에게 체크를 맡깁니다.

여기서 중요한 점은 원화가나 연출·작화 감독과 얼굴을 마주 보며 대화하는 것입니다. 이렇게 얼굴을 보며 대화하면서 단순히 작업물만 건네고 끝인 것이 아니라, 건강 상태나 작업 상황, 작품 인상 등 많은 정보를 직접 확인하는 점이 중요합니다.

특히 연출이나 작화감독과는 매일 대화하여 작품 정보를 일일이 보고하고 공유하십시오. 작품에서 제작진행과 연출과 작화감독의 협력이 가장 중요합니다. 협력이 부족하면 작업이 순조롭게 진행되지 않아 작품 완성도에 영향을 끼칩니다.

자, 이때 대화하면서 제작진행이 체크해야 할 포인트가 있습니다.

· 안색(밤을 새웠거나 감기에 걸렸는지 상태 체크)

· 책상 위(난잡하면 마감 전일지도 모릅니다. 다른 작품의 스케줄 표를 붙여두기도 합니다.)

· 작업 도구(연필이냐 샤프냐, 자를 쓰느냐, 직접 긋느냐 등)

· 과자 등(식생활은 어떤가)

- 책장(어떤 작품을 좋아하는가? 정리정돈을 잘하는 사람인가?)

- 복장(어떤 패션을 좋아하는가? 지금 옷차림은 엉망진창인가?)

- 낙서(평소에 어떤 그림을 그리는가?)

대강 이 정도일까요? 대수롭지 않아 보이지만, 여기에서 많은 대화의 계기와 의문이 생깁니다. 크리에이터가 어떤 작품을 좋아하고, 어떤 작품을 만들고 싶어 하는가? 어떤 그림체를 좋아하는가? 어떤 움직임이나 연기를 좋아하는가? 스케줄에 민감한 사람인가? 스케줄보다 퀄리티를 우선시하는 사람인가? 생활 시간대는 언제인가?

모든 의문이 필름의 완성도에 직접적인 영향을 끼칩니다. 크리에이터와 대화할 수 있는 계기도 되지요. 제작진행은 많은 크리에이터와 함께 일합니다. 바꿔 말하면 크리에이터를 많이 아는 제작진행일수록 훨씬 폭넓고, 다양한 작품을 만들 수 있게 됩니다. 좋은 영상을 만들 수 있는 셈입니다.

이것이 언젠가 제작 책임자·프로듀서, 혹은 연출·감독과 같은 승진으로 이어집니다. 평상시의 작은 정보 수집이 쌓이고 쌓여 3년 후, 5년 후, 10년 후 자신의 토대가 됩니다. 그러기 위해서 반드시 크리에이터와 얼굴을 마주 보고 대화하십시오.

원화 단계에서 결과물 예측하기

다음은 원화 작업입니다.

작감

작화 감독(作画監督)을 말한다. 더 정확히는 '원화 작화 감독'이며, '동화'나 '채색' 등은 따로 책임자가 있다.

과정7

원화 회수

원화가가 레이아웃을 토대로 연기하는 원화를 그린다.
제작진행은 완성되는 대로 회수한다.

제작 실무

· 각 원화가에게 회수 시간 확인하기
· 원화 회수하기
  (회수 때 다음 회수일을 확인. 또 다른 업무 상황 듣기)
· 원화가에게 작품 감상 듣기

영상으로 확인

05:07

과정7 ②

원화 제작 체크

제작진행이 원화 체크

제작 실무

· 올라온 원화를 관리 시트에 기재
· 컷 내용 확인(그림 내용 확인)

> 컷 동화 매수를 확인하고, 그때까지의 현재 동화 매수, 한 컷
> 당 평균 매수, 예상 매수를 산출. 초과하면 연출에게 보고,
> 상담.

과정7 ③

연출가가 원화 체크

연출가가 원화를 체크

제작 실무

· 사전에 연출이 체크할 시간을 확인
· 연출에게 체크 받기
· 체크 후 컷 내용의 의견 묻기
· 체크 후 관리 시트에 기재
· 수정 내용을 확인하여 원화가에게 돌려주기

컷 매수확인. 초과하면 연출에게 보고, 상담

과정7 ④

작감에게 원화 체크

작화감독이 원화를 체크

제작 실무

- 사전에 작화 감독이 체크할 시간을 확인
- 작감에게 체크 받기
- 체크 후 컷 내용의 의견 묻기
- 체크 후 관리 시트에 기재
- 수정 내용을 확인하여 원화가에게 돌려주기

이때 꼭 해야 하는 '암묵적 실무'는 '원화 보기'입니다.

그림 콘티를 읽고, 작화 회의에 참여한 제작진행은 컷을 대강 상상할 수 있습니다. '이런 움직일까?' '이런 표정일까?' 등, 자기 나름 이상적인 화면이 머릿속에 떠오를 겁니다. 그 이미지를 토대로 올라온 원화를 반드시 봅시다! 바쁘면 대충 넘겨봐도 좋으니 봅시다! 원화가 올라오면 실제 화면 영상이 보입니다. 즉, 그림 콘티를 정확하게 파악하며 읽었는지 어떤지 정답을 맞혀볼 수 있습니다. 그림 콘티로 상상했던 영상대로 원화가 완성되었다면 어느 정도 그림 콘티를 읽을 수 있게 되었다고 할 수 있습니다.

만약 상상한 영상과 달랐다면 그 이유를 곰곰이 생각해봅시다! 원화가가 상상보다 훌륭하게 완성했는가, 아니면 자신이 그림 콘티를 잘못 읽었는가, 작화 회의 내용이 잘 전달되지 않아서 크리에이터가 착각했는가? 혹은 크리에이터의 그림 실력이 부족한가?

원화가 상상을 뛰어넘는 내용이고, 자신이 그림 콘티를 잘못 이해했다면 문제없습니다. 하지만 그 외의 이유라면 정말 큰일입니다!

여기서 '차이'가 생기면 제작진행은 대응에 쫓깁니다. 연출 의도가 제대로 전달되지 않았다면 얼른 다시 상의해야 하고, 크리에이터의 그림 실력이 부족하다면 담당을 변경해야 합니다. 빠르게 대응하지 않으면 수정 사항이 많아집니다. 수정이 많아지면 관계된 스태프들의 아까운 시간과 수고를 소비하게 됩니다.

신입이라면 위화감을 느낀 시점에 바로 연출이나 작화감독에게 상담합시다! 그림 콘티를 읽을 수 있고, 원화를 볼 줄 아는 제작진행이 되면 낭비되는 스태프의 시간과 고생이 줄고, 훨씬 많은 시간을 작품 퀄리티를 높이는 데에 쓸 수 있습니다!

액션 시작

눈 깜빡임

감을 때
뜰 때
눈 닫힘

※ 위치는 가운데서 만나게

액션 끝

END

원화

애니메이션의 제작 과
정에서 움직임의 요소
(움직임 시작, 중요 포
인트, 움직임 끝)를 그
린 그림

애니메이션의 핵심, 허구의 리얼리티!

이어서 다음에는 '색채 회의' 작업입니다.

과정8 색채 회의

애니메이션의 배경과 색채에 관한 회의.

각 컷의

· 시간(아침·점심·저녁 등)
· 카메라 앵글(원근·광각)
· 카메라 워크(카메라 움직임)

등을 상의하고, 셀의 색상과 배경 내용을 정한다.

제작 실무

· 감독, 연출, 색채 설정, 색 지정, 미술 감독의 스케줄을 확인
· 사전에 원화, 설정, 콜시트, 자료 준비하기
· 컷 내용 변경, 연락사항 등이 있으면 메모하기

영상으로 확인

06:26

- 색채 설정 담당에게는 색 데이터 마감, 미술에는 BG 마감, 색지정에게는 채색 마감 스케줄 확인하기

자, 이때 꼭 해야 하는 '암묵적 실무'는 '색채 영상 감각 기르기'입니다.

애니메이션은 시간대나 풍경에 맞춰서 색을 만듭니다. 저녁에는 저녁 색상, 밤이라면 밤 색상, 충격적인 장면에서는 자극적인 색상. 연출 의도에 맞춰 각 컷이 어떤 장면인지, 어떤 심정인지 색과 배경으로 어떻게 표현할지 상의하는 것이 '색채 회의'입니다. 연출이 배경 담당과 색 지정 담당에게 지시하고, 때로는 상담하면서 이를 정합니다.

이 과정은 금방 익히기 어렵고, 경험이 있어야 합니다. 수많은 작품을 만들면서 어떤 색상이 시청자에게 어떠한 인상을 주는지, 캐릭터의 심정을 색감으로 어떻게 표현하는지 고려해가면서 조금씩 그 감각을 기를 수 있습니다.

색감에 따라 시청자에게 주는 인상이 크게 달라집니다. 선화보다 몇 배나 더 표현력이 풍부해집니다. 실제 영상이라면 의상과 조명 효과와 카메라와 날씨 등 많은 부문의 연계로 방대한 사전 준비(예산)로 표현하

셀 · 셀화

셀룰로이드제의 투명한 시트 소재. 여기에 그린 그림(셀화). 그렇게 그려 낸 애니메이션 그림 소재.

색채 설정

색채 책임자. 색상 사용의 결정권을 가진다.

색지정

각 컷에 칠할 색을 지정하는 작업. 또는 직책.

지만, 애니메이션은 적은 스태프가 단기간에 의도적으로 만들어낼 수 있습니다.

한밤중이라도 상쾌한 심정 표현을 위해 남극의 태양을 표현할 수도 있고, 맑은 한낮이라도 어둠의 구렁텅이에 빠진 듯한 표현도 할 수 있습니다. 애니메이션이라는 표현 기법의 장점이 바로 여기에 있습니다. 연출로 표현하고 싶은 비현실적, 공상, 상상력을 그림으로 그림으로써 실사보다 훨씬 다양하게 표현할 수 있습니다.

하지만 여기에는 작화 표현만큼 색과 배경에 의한 분위기 만들기(거짓 리얼리티)가 필요합니다. 시청자를 이야기 속에 빠져들게 하려면 색과 배경이 매우 중요합니다. 제작진행이 각 컷의 인상을 색과 배경으로 이해할 수 있게 되면 애니메이션 작품 제작에서 '무엇이 중요한지'를 이해할 수 있게 됩니다.

언젠가 연출가가 되든 프로듀서가 되든 꼭 필요한 요소입니다. 제작진행 시절에 감각을 기르도록 공부해 둡시다.

모든 사태는 일어난 이후에 대응하면 너무 늦다

다음은 '동화 발주 ~ BG 회수' 작업입니다.

과정9 **① 동화 발주**

동화가에게 동화 작업을 부탁한다.

제작 실무

· 작감 체크 완료 후, 컷 동화매수와 내용을 확인
· 동화 회사에 연락을 넣고, 컷, 동화용지, 설정,
  동화 주의사항(때에 따라서는 그림 콘티도)을
  준비하기
· 동화 발주 전표 끊기

> ※동화 이후의 작업은 반드시 전표를 끊는다(동화,
> 채색, 리테이크). 전표 매수가 그대로 각 회사의
> 청구서가 되므로 동화를 받으면 주문
> 매수와 수령한 매수를 반드시 확인한다.

영상으로 확인

05:48

과정9 ② 동화 완성

동화 작업이 끝나면 회수한다.

제작 실무

· 완성된 동화 회수하기
· 완성된 동화를 관리 시트에 체크하기
· 매수를 체크하고, 발주 전표와 대조하기

과정9 ③ 동화 체크

완성된 동화를 동화 검수 담당에게 넘긴다. 검수 담당은 동화가 그림 콘티나 원화의 지시대로 되어 있는지, 데생이나 분할에 문제가 없는지 확인한다.

제작 실무

· 완성된 동화를 동화 검수 담당에게 건네기
· 수정은 동화 회사에 되돌리기

- 수정 내용이 동화가의 책임이라면 그 컷 번호만 리테이크 발주하고, 이쪽에 책임이 있다면 신규로 동화 발주하기
- 동화 내용을 검수 담당자에게 묻기
- 이후부터 동화 마감 스케줄 전달하기

과정10 ① 색지정 넣기

회의에서 정한 각 컷의 색깔 지시를 동화에 넣는다

제작 실무

- 동화 체크 후, 지정한 색채 지시 넣게 하기
- 이후부터 동화 마감 스케줄 전달하기

영상으로 확인

07:17

과정10 ② 채색

색 지정이 들어간 컷에 채색한다. 채색이란 동화를 스캔하여

디지털 상에서 채색하는 작업을 의미한다.

제작 실무

· 사전에 색 데이터, 그림 콘티, 콜시트, 캐릭터
  설정을 전달해두기
· 색 지정이 끝난 컷의 발주 전표를 끊고, 채색
  작업에 들어가게 하기

과정10 ③ 셀 검수

채색이 끝난 컷을 셀 검수 담당에게 건넨다.

제작 실무

· 셀 검수는 색지정대로 채색되어있는지 확인하기
· 채색이 끝나면 셀 검수에게 보내기

과정10 ④ 채색 회수

셀 검수를 통과한 컷을 회수한다.

제작 실무

- 셀 검수가 끝난 완성된 채색 자료를 회수. (컷 봉투와 데이터) 컷 표에 체크하기
- 발주 전표와 수령한 매수 확인하기. 다르다면 메모하기

과정11 # BG 회수

색채 회의에서 정한
각 컷 배경이 완성되면
회수하기(데이터일 땐 백업하기)

영상으로 확인

07:56

제작 실무

- 완성된 BG 회수하기(데이터와 원본)
- 이때 완성 속도와 마지막 작업 스케줄 확인하기
- 회수 후, 연출에게 체크받기
- 수정이 있다면 미술 담당에게 되돌리기

이때 꼭 해야 하는 '암묵적 실무'는 '3주 전부터 조사해둘 것' 입니다.

제작진행은 다음의 경구를 반드시 기억해야 합니다.

'모든 사태는 일어난 이후에 대응하면 너무 늦다'

제작진행의 업무는 항상 미래를 예측하고, 위기를 회피하는 능력이 중요합니다. 동화와 채색, BG(배경 소재) 회수에 바로 그 능력이 필요합니다. 동화란 원화 사이사이에 그림을 그려 넣어서 부드럽게 움직이도록 하는 작업. 채색이란 완성된 동화에 색을 칠하는 작업입니다. 동화와 채색은 TV 방영 애니메이션 1화에 대략 각 4,000장 ~ 6,000장 정도가 필요합니다. 제작진행은 이 모든 작업을 동화 회사나 채색 회사에 작업을 의뢰합니다. 현재 방영되는 모든 애니메이션이 이 작업을 거칩니다.

그럼 일주일에 총 몇 장을 작업할 수 있을까요? 단순합니다! 일주일에 50편이 방영된다면 50편×매수. 즉, 200,000장 ~ 300,000장이 만들어집니다!

그렇게 되면 각 제작사의 애니메이션 담당 제작진행들은 동화 회사나 채색 회사를 두고 서로 경쟁하게됩니다! 더 실력이 우수한 회사에 의뢰하려면 사전에 예약을 잡고, 조정하고, 작화 감독에게 스케줄대로 동화 작업이 가능한 컷을 받아내야 합니다.

동화가 완성되면 바로 채색 회사에 의뢰합니다. 장기에서 수를 예측하듯 몇 프레임 앞을 예측해서 컷을 움직일 필요가 있습니다. 동화 회사에 넘길 컷이 완성된 후에 동화 회사에 전화를 걸어도 늦습니다. 의뢰를 받아줄 리가 없지요. 반드시 사전에 협상하고, 스케줄을 짜야 합니다.

10 ~ 15년 전 정도부터 애니메이션의 제작 수가 급격히 늘어나면서 각 부문에 업무를 의뢰할 때 사전 협상이 매우 중요해졌습니다. 동화와 채색은 3주 전, 원화가는 1 ~ 3개월 전, 연출·작화감독은 반년 전에 협상해두지 않으면 도무지 의뢰하지 못하는 상황입니다.

제작진행은 항상 사전 계획과 예측에 유념합시다.

리테이크 작업은 내가 전담한다!

다음은 '촬영 회의 ~ 러쉬 체크' 작업입니다.

촬영
각 부서에서 올라온 소재를 모아 동화 영상을 만드는 작업. 또는 소재.

과정12 촬영 회의

촬영감독과 연출이 그림 콘티를 토대로 각 컷의 촬영처리를 상의한다.

제작 실무

· 감독, 연출, 촬영감독의 스케줄 확인
· 콜시트, 자료를 준비
· 컷 내용 변경, 연락사항 등이 있으면 메모하기
· 촬영 스케줄 확인

과정12 촬영 자료

제출

배경과 채색이 완성되었다면 컷 봉투와 함께
촬영장에 보낸다.

제작 실무

· 촬영 발주 전표 끊기
· 배경과 채색 데이터, 컷 봉투,
  전표를 촬영장에 가져가기
· 촬영 담당에게 촬영 스케줄 보고
· 관리 시트에 체크하기

영상으로 확인

08:29

과정12 ③ 러쉬 회수와
러쉬 체크

완성된 촬영 영상을 체크한다.

제작 실무

- 촬영이 끝난 데이터와 납품 전표를 회수하기
- 촬영한 영상 체크
- 감독, 연출, 작화감독, 채색 설계, 색 지정, 동화 체크 담당, 촬영감독, 미술감독, 제작진행을 모아 영상을 통해 리테이크 체크
- 리테이크를 메모하여 일람표 작성(수정표)
- 리테이크 처리하기

이때 꼭 해야 하는 '암묵적 실무'는 '혼자 리테이크 작업을 전담할 것'입니다. 제작진행으로서 애니메이션 제작 현장에서 전문용어를 습득하고, 각 부문의 실제 작업을 체험하려면 리테이크 작업이 최고입니다. 러쉬(실제로 움직이는 애니메이션 영상)를 보고 리테이크가 나오면 제작진행은 곧바로 처리해야 합니다.

스케줄에 맞춰 각 부문에 컷 봉투와 데이터를 넘기고, 리테이크 내용을 고치게 합니다. **신입 제작진행은 최대한 이 리테이크 작업을 혼자 맡아서 해 보십시오.** 다른 사람과 작업을 분담하지 마세요. 공부할 기회를 잃습니다. 물론 처음엔 선배에게 배우면서 작업하겠지만, 두 번째부터는 선배에게 질문하면서 스스로 해보도록 하십시오.

어떤 리테이크인가? 왜 리테이크해야 하는가? 어떤 부문이 리테이크하는가? 왜 리테이크가 생겼는가?

모든 의문이 다음 작업의 효율성으로 이어집니다. 다음에 또 리테이크가 생기지 않도록 위기회피 능력도 습득하게 됩니다.

최근에는 스케줄 문제로 몇몇 제작진행이 리테이크 작업을 분담하는 경우가 종종 있는데, 이는 눈앞에 놓인 작업만 처리할 뿐, 아무런 공부가 되지 않습니다. 심지어 자신이 담당하는 화수의 책임감도 희박해집니다. 리테이크를 줄이겠다는 생각으로 임하면 효율적으로 일하게 되고 스케줄도 안정적이게 진행됩니다. 그 점을 생각할 수 있게 되려면 꼭 혼자 리테이크 작업을 도맡아 하십시오.

편집 작업 중에 졸지 마라!

자, 제작도 후반으로 접어들었습니다. '편집실 제출 ~ 편집' 작업입니다.

촬영

사용할 컷 영상을 취사선택하고 짜깁기하여 작품의 흐름과 각 컷의 타이밍을 조절하는 담당. 또는 작업.

과정13 편집실 제출

촬영영상을 편집자에게 전달한다.

제작 실무

· 편집실에 러쉬 보내기
· 편집까지 러쉬 스케줄을 보고하기

과정13 편집 전 준비

편집 작업 전 준비를 한다.

제작 실무

· 연출에게 AR(애프터 레코딩) 대본 건네기
· 연출에게 초과 초수 보고하기
· 복사한 타임시트 준비해두기

그럼 이때 꼭 해야 하는 '암묵적 실무'는 '영상의 흐름 느끼기'입니다. 애니메이션 제작 업무와 아무 관계가 없어 보이지요. 솔직히 말하면 제작 진행의 업무와 관계가 없는 '암묵적 실무'일지도 모릅니다. 굳이 말하자면 영상을 만드는 스태프가 익혀두면 좋은 감각 같은 셈입니다. 드라마나 영화, 음악PV 등 표준 사이즈(정해진 시간)가 필요한 영상에는 빼놓을 수 없는 '편집 작업'. 시청자들은 어떤 일인지 이해하기 어려운 직업인지도 모릅니다.

하지만, 매우 중요한 부문입니다.

영상 업계에서는 때때로 편집권(편집하는 권리)을 감독이 가지느냐 아니면 프로듀서가 가지느냐로 문제가 될 정도입니다.

TV 애니메이션에서 이뤄지는 편집 작업을 간단히 설명하면,

① 방송 길이(방송 시간)에 맞추기
② 시청자에게 연출이 의도한 감정을 자연스럽게

전해지도록 영상 이어 맞추기

③ 부드럽게 컷 연결시키기

④ AR(애프터 레코딩)에 맞춰 대사 타이밍과 길이 조절하기

입니다.

시청자에게 보내드리는 영상은 전부 편집 작업을 마치고 완성된 상태이므로 어떤 편집 작업을 거쳤는지 거의 모릅니다. 아마 대부분이 업계에 들어오고 나서야 편집의 중요성을 깨닫습니다. **편집 작업은 어떻게 보면 영상의 마법!** 이 작업이 어떻게 가미되었는가에 따라 시청자가 하품하느냐, 마른침을 삼키느냐로 나뉩니다.

예를 들어 저녁에 아무도 없는 교실에 여자아이가 의자에 앉아 한 손에 부서진 손목시계를 들고 있는 장면이 있다고 칩시다. 컷 조절로 그 손목시계를 1초 보여주느냐 10초 보여주느냐로 손목시계에 둔 의미가 확연히 다르게 느껴집니다.

1초만 잠깐 보여줬다면 이야기에 별다른 관계가 없는 평범한 소품에 지나지 않지만, 10초나 보여주면 이야기의 키포인트 아이템으로 자리 잡습니다. 여자아이에게 추억의 물건일 수도 있고, 친구가 소중히 아끼는 시계일 수도, 돌아가신 아버지의 유품일지도 모릅니다. 시청자에게 무언가를 느끼게 하는 '간격'이 됩니다. 이 '간격'을 최종적으로 결정하는 작업이 '편집'입니다.

제작진행은 항상 편집 작업에 참여합니다. 그러므로 가능하면 졸지 말고 편집 작업을 관찰했으면 합니다(사실 대부분 작업진행은 편집 시간에 좁니다. 그 전까지 밤샘 작업이 많았으니 어쩔 수 없긴 하지요⋯⋯). 자신의 영상 감각과 비교하면서 편집 작업을 지켜보면 큰 공부가 됩니다. 다른 영상

작품을 봤을 때 따분해지는 이유나 감정이 차오르지 않는 이유를 깨닫게 됩니다. 자신이 재미없다고 느껴졌던 영화가 왜 재미없는지 이유를 알게 됩니다. 그러므로 신입이라면 졸리고, 또 졸려도 꼭 편집 작업을 지켜봤으면 합니다.

애니메이션에 깊이를 더하는 음향 작업

다음은 'AR 사전 준비 ~ DB' 작업입니다.

과정14 ① AR 사전 준비

AR 작업의 사전 준비를 한다.

제작 실무

· 연출에게 AR 작업실 지도와 시작 시간 보고하기

과정14 ② AR

영상에 맞춰 캐릭터를 담당하는 연기자의 대사를 녹음하는 작업.

제작 실무

· 가능하면 참가하기
· 연기 내용이 변경되었을 때 리테이크 체크하기
· 소리가 들어간 컷을 표로 만들기

과정15 리테이크 내기

대사가 들어간 영상을 보면서 수시로 리테이크 작업한다.

제작 실무

· 감독, 연출, 작화감독, 채색 설계, 색지정,
  동화검수, 촬영감독, 미술감독, 제작진행이 모여
  수정안을 내고, 메모하기
· 수정사항을 표에 정리하여 연출, 감독, 채색,
  미술, 감독에게 보내기

리테이크 요청은 러쉬 데이터가 올라올 때마다 수시로
합니다.

과정16 ① DB 사전 영상 교체

편집으로 DB에 소리가 들어갈 컷을 교체한다.

제작 실무

· 소리가 들어가야 할 컷을 교체하기

과정16 ② DB

영상에 음악과 효과음을 넣는 작업.

제작 실무

· 컷 내용이 변경되었을 때 리테이크 체크하기

그럼, 이때 꼭 해야 하는 '암묵적 실무'는 '소리의 공간 즐기기!' 입니다. 제작진행은 음향 작업 때 직접 할 일은 없습니다. 사전 준비 작업은 꽤 힘들지만, 실제 AR이나 DB를 할 때는 참여만 할 뿐 정해진 담당업무가 있는 것은 아닙니다. 그러므로 회사에 따라서는 제작진행이 현장에 참석하지 않을 때도 있습니다.

하지만 제 생각은 다릅니다. '편집'과 마찬가지로 반드시 음향 작업에 참여하십시오. 애니메이션 제작에서 '소리'의 존재는 매우 중요합니다. '연기자(성우)의 목소리'와 '효과음' 'BGM' '음향 조절'. 화면에서 움직이는 그림과 마찬가지로 소리도 사람의 손(목소리)으로 만들어냅니다. 참여해보면 알겠지만 그곳에 똑같은 것은 존재하지 않습니다. 상황에 맞춰 각각 다른 소리가 붙습니다. 제작진행은 자신이 담당한 화수에 소리가 어떤 식으로 붙는지 반드시 확인하십시오. '음향작업'에 따라 애니메이션에 '깊이'가 나오기 때문입니다.

애니메이션이라는 화면 속 '그림'은 시각을 자극합니다. 그리고 '소리'는 청각을 자극합니다. 인간은 시각과 청각을 자극받으면 '현장감'을 느끼고, 마치 그 세계에 있는 듯한 착각에 빠집니다. 즉, '그림'에 맞춘 '소리'가 붙음으로써 '가상공간'이 만들어지는 셈입니다. (미래에는 후

각이나 촉각도 자극하는 기술이 나오면 좋겠네요!)보는 사람이 그 '가상공간'을 공유하게 되면 '감동'까지 공감할 수 있게 됩니다. 캐릭터의 감정이나 상황에 '감정이입'을 할 수 있다는 말이지요.

실사 영화도 마찬가지입니다. 영화나 드라마도 소리 덕분에 '현장감'이 생깁니다. 실사라면 실제 풍경에 가까운 영상이므로 더욱 '공간'을 공유하기 쉽습니다.

하지만! 애니메이션은 이 점이 어렵습니다! 영상을 '그림'으로 표현하기 때문에 애초에 '거짓'인 겁니다. '거짓' 영상에 '현장감'을 가지기란 실로 어렵습니다! 그래서 애니메이션에서 '소리'가 매우 중요합니다. 그러나 애니메이션에 '그림'과 '소리'가 만나면 마법이 펼쳐집니다. 어떤 상황도 표현이 가능해집니다.

소년이 로봇을 타고 괴수와 싸우면서 감동을 주고, 소녀가 침대를 타고 밤하늘을 나는 장면에서 동경하고, 도둑이 줄줄이 이어진 탑 지붕을 몇 개나 뛰어넘는 장면에서 손에 땀을 쥐게 하고, 슈퍼 히로인으로 변신하는 소녀를 동경하는 등, 다양한 '거짓'을 현실화하여 시청자의 마음에 감동을 줍니다.

'소리'의 중요성을 실감하지 못하면 좋은 작품을 만들 수 없습니다. 그것은 프로듀서든, 연출가든 마찬가지입니다. 성장하길 원한다면 제작진행일 때부터 이 중요성을 배울 필요가 있습니다.

비디오편집! 정말 수고 많았습니다!!

드디어 끝이 보이기 시작했습니다. '비디오편집 사전 교체 ~ 비디오편집' 작업입니다. 자 이때 꼭 해야 할 '암묵적 실무'는…… 없습니다.

과정17 ① 비디오편집 사전 교체

편집으로 최종 OK 영상을 제작한다.

제작 실무

· 최종적인 컷 영상 교체하기

과정17 ② V 편집

방송용 포맷에 맞춰 최종 영상을 작성한다.

엔딩 텔롭도 이 타이밍에 넣는다.

제작 실무

· 사전에 텔롭을 외주 회사에 보내두기
· 텔롭에 잘못된 부분이 없는지 확인하기

V편집 전에 리테이크 작업이 끝나 있는 편이 좋습니다. 만약 간단히 수정할 컷이 있다면 연출 감독의 지시에 따라 그 자리에서 영상을 수정합니다.

V편집(비디오편집)이란 애니메이션 영상 제작의 마지막 작업입니다. 제작진행이 할 일은 이제 없습니다(세세한 잔일은 여러 차례 생기지만). 자신이 담당한 화수가 완성되길 기다리면 됩니다. 신입 제작진행이라면 고생해서 만든 작품이 완성되는 기쁨에 기대감을 맛볼 시간! 베테랑 제작진행이라면 스케줄이나 순서에 후회나 실수가 없었는지 불안감에서 우러나온 긴장감을 맛볼 시간! 모두 비디오편집 과정을 맞이하면서 괴로웠던 제작 기간이 끝납니다. 제작진행에게는 행복한 순간입니다!

정말 수고하셨습니다!

오직 '훌륭한 애니메이션'을 만들기 위해

마지막은 '완성 ~ 작업보고서 작성' 작업입니다. 자, 이때 꼭 해야 하는 제일 중요한 '암묵적 실무'가 있습니다.

그것은 '스태프에게 감사를 전하기'입니다.

완성

완성된 영상. 그대로 방송에 내보낼 상태로 완성된 VTR. 또는 완성하는 작업.

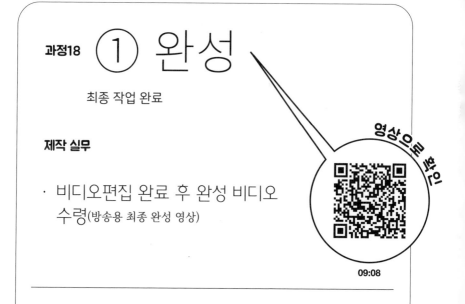

과정18 ① 완성

최종 작업 완료

제작 실무

· 비디오편집 완료 후 완성 비디오 수령(방송용 최종 완성 영상)

영상으로 확인

09:08

과정18 ② 감상

참여한 스태프에게 최종 영상을 공개한다(첫 시사회).

제작 실무

· 작업에 참여한 사람 모두가 완성된 영상을 볼 수 있도록 장소와 시간 조정

과정18 ③ 각 부문에 인사

말 그대로 인사

제작 실무

· 작업에 참여한 각 부문에 작업이 완료되었다는 보고를 하고 인사하기

과정18 ④ 소재 정리

소재를 정리 정돈

제작 실무

· 제작 과정 중에 산출된 모든 소재를 정리, 관리,
  보관하기.
· 주로 컷 봉투, BG, 촬영 데이터 등이다.

과정18 ⑤ 작업 보고서 작성

소감과 사후 강평을 문서화 한다.
다음 전망도 담을 수 있다.

제작 실무

· 각 전표를 정리해서 작업한 매수나 초수를
  보고서에 정리한다.

애니메이션 제작에는 수많은 스태프가 참여합니다. 개개인의 피땀 흘린 작업이 쌓여서 완성됩니다. 제작진행은 이 모든 스태프와 대화를 나누고, 협상하고, 스케줄을 조정하면서 애니메이션을 완성으로 이끌어갑니다. 스태프 없이 애니메이션은 만들어지지 않습니다. 그러므로 제작진행은 항상 스태프에게 감사하는 마음을 잊으면 안 됩니다. 애니메이션이 완성되었을 때는 반드시 스태프들에게 "수고하셨습니다!"라고 감사하는 마음을 전합시다. 제작 중에 여러 가지 일이 있었을 겁니다. 때로는 몸싸움을 벌이고 싶어질 일도. 하지만 창작이란 그런 게 아니겠습니까!

모든 스태프는 '훌륭한 애니메이션을 만들기 위해' 일합니다. 직책이 다르면 원하는 방향도, 할 수 있는 업무도 다릅니다. 의견 다툼은 일상다반사입니다. 그런 가운데에서도 제작진행은 애니메이션을 완성으로 이끌어야 합니다.

이렇게 해서 완성된 애니메이션에는 '훌륭한 애니메이션을 만들기 위한' 스태프들의 마음이 담겨 있습니다.

이래서 창작이 재미있습니다! 한 사람의 마음뿐만 아니라, 수많은 스태프의 마음이 가득 담겨 있기 때문에 훌륭한 겁니다!

그래서 제작진행은 '스태프에게 감사하는 마음'을 잊지 않아야 한다고 생각합니다.

그리고 또 하나 잊지 말아야 할 것은 '제작진행'이 없으면 애니메이션은 완성되지 않는다는 점! 이건 정말입니다! 제작진행이 스케줄을 토대로 스태프를 이끌어가지 않으면 절대 완성할 수 없습니다. 즉, TV에 내보내지 못합니다. 시청자에게 보여드릴 수 없습니다! 그러니 부디 자긍심을 가졌으면 합니다.

TV 애니메이션 1화당 제작진행은 한 사람입니다. 이는 연출이나 작화감독과 마찬가지로 그 화수의 책임을 한 사람이 져야 하는 중요한 직업입니다. 항상 그런 프로 의식을 가지십시오. 고된 업무이고, 지금까지 설명했듯이 다재다능한 능력이 필요합니다. 하지만 창작을 즐기면서 임한다면 언젠가 자신의 살이 될 겁니다.

'시청자에게 애니메이션을 전하는 프로'로서 힘내십시오!

제 5 장
애니메이션
업계
를 꿈꾸는 사람에게

지방 출신이라도 괜찮다!

마지막으로 업계 취업을 꿈꾸는 젊은이들에게 강의에서 자주 듣는 질문을 설명하겠습니다. 업계에서 활약할 꿈을 가진 여러분에게 약간의 도움이 되었으면 합니다.

예전에 제작진행으로 취직을 희망하는 학생에게 "지방 출신도 취직할 수 있나요?"라는 질문을 몇 번인가 받았습니다. 물론 괜찮습니다! 오히려 애니메이션 현장은 전국에서 모인 사람들로 이루어져 있습니다. 저도 야마구치 현에서 떨어진 섬 출신입니다. 민영방송이 거의 나오지 않는 곳에서 자랐지만 취직엔 아무런 문제도 없었습니다.

지방에서 올라와 취직하면 이사도 해야 하고, 시청에 신고하는 등 귀찮은 일도 있지만, 전부 인생경험입니다. 반드시 자기 손으로 신청하도록 하세요. 또 도쿄는 월세가 비쌉니다! 자신의 수입을 고려한 최적의 방을 찾지 않으면 9만 엔(약 90만원)대나 10만 엔(약 100만원)대의 방을 소개받습니다.

저는 취직한 후에,

1 ~ 5년차	4만4천엔 (3평)	
6 ~ 9년차	5만2천엔 (3평)	
10 ~ 11년차	5만엔 (3평) + 주차비 1만 엔	

정도의 조건으로 생활했습니다. 이 정도는 도내에서도 꽤 싼 편에 속합니다. 10년도 더 전의 시세지만, 지금도 시세는 크게 바뀌지 않았습니다. 이사할 때마다 부동산을 10군데는 돌아다니며 고릅니다.

신입 제작진행의 월급은 회사마다 다르지만, 13만엔~18만엔(약 130만원~180만원)입니다. 하지만 이것은 표면상 금액. 후생연금·고용보험·건강보험·주민제 등을 빼면 손에 쥐는 금액은 11만엔~16만엔(약 110만원~160만원) 정도가 됩니다. 여기서 월세·식비·전기세 등을 지불하게 되면 상당히 혹독한 현실이지요. 어떤 사람은 학생 때 아르바이트 수입보다 적을 수가 있습니다.

또 회사마다 다르지만, 말단 제작진행에 머무르기만 하면 급여가 크게 오르지 않을 겁니다. 보너스는 회사에 따라 있기도 하고 없기도 합니다.

대신 승진만 하면 수입은 분명 올라갑니다. 신입 때부터 위로 향해 올라가겠다고 의식하면서 일하십시오!

이 분야에 뛰어들고 싶은 여성에게

최근에 여성 제작진행이 많아졌습니다. 정말 잘 된 일이라고 생각합니다. 요 10년간 업무 내용이 디지털화되면서 힘쓰는 일이 줄어든 것이 하나의 요인이겠지요.

또 입사 면접 때도 여성 쪽은 취업 목적이 확실하고, 대화가 능숙하여 거침없이 질문하기도 합니다. 반대로 남성은 조용하고, 취직 목적이 희미해서 애니메이션 업계에 관한 질문도 소극적입니다. 그래서 아무래도 여성 쪽이 높은 평가를 받습니다. 그러나 여성에게는 남성과 다른 환경적 문제가 있습니다.

① 업계의 롤 모델이 적다
② 26세부터 28세쯤에 '결혼', '출산', '일'의 딜레마에 빠진다
③ 가족이 보내는 압력

입니다.

① 은 말 그대로 여성 제작 책임자, 프로듀서가 적다는 뜻입니다. 회사 내에 한 사람이라도 여성 프로듀서가 있다면 밑에서 일하는 여성 제작진행의 목표가 됩니다. 목표가 있으면 비교가 쉽고, 모범 케이스로 자신과 대조해보며 승진하는 길을 모색할 수 있습니다. 하지만 주변에 여성 프로듀서가 없으면 스스로 개척하여 성장하기가 상당히 어렵습니다.

②는 애니메이션 업계에만 해당하는 이야기는 아니겠지만, 제작진 행은 대체로 일과 결혼을 선택해야 하는 상황에 놓이게 됩니다. 그 이유는 제작진행이 현장에 밀접해야 하는 일이라, 회사에 잡혀 있는 시간이 길고, 불안정한 환경이기 때문입니다. 여성들은 모두가 이런 고민을 합니다.

③은 모든 여성이 그렇지는 않지만, 남성보다 확실히 많이 있는 일입니다. 지방에서 올라와 혼자 사는 여성이 아침에 퇴근하고, 늦은 오후에 출근하며 전화를 받르을 때마다 바빠 보인다면 떨어져 사는 가족은 누구나 걱정합니다. 당연한 일이지요! '우리 딸은 대체 무슨 일은 하는 거지?' '도쿄에서 제대로 살고 있기는 할까?' 등 어느 부모라도 걱정이 이만저만이 아닐 겁니다.

또 부모에게 이런 일이라고 설명해도 좀처럼 이해하기 어려운 업무 내용이라 더더욱 불안을 가중해버릴 수도 있습니다. 지금까지 애니메이션 업계에서 일하는 여성의 고민이라면 대체로 이 세 가지입니다. 그리고 업계를 떠나는 요인이기도 합니다.

제가 여성 제작진행을 가르칠 때 '남성 동기보다 빨리 승진하는 편이 좋다'라고 말합니다. 26~28살 전에 제작 책임자나 프로듀서가 되면 '결혼'을 해도 일을 계속하기 쉬워지기 때문입니다. '출산과 육아'로 잠깐 업계를 나간다고 하더라도 책임감을 경험한 인재는 항상 부족하므로 현장에 복귀하기 쉬워집니다. 또 제작진행에 비해 제작 책임자나 프로듀서 쪽이 자기 업무 시간을 조절할 수 있어 육아나 가사에 시간을 할애하기 쉽습니다. 가능하다면 '26살까지 제작 책임자, 28살까지 제작 프로듀서'를 목표로 하십시오.

또 저는 이 3가지 요인이 앞으로 3년부터 5년 사이에 바뀌리라 생각합니다. 다른 일반 직업에서도 여성 승진이 보편화하고, '일과 결혼을

양립하는 사례'이 더 많아질 겁니다. 점점 결혼시기가 늦어지는 경향
이고, 여성이 추구하는 '행복'도 바뀌지 않을까요?

애니메이션 회사에서도 그런 환경을 조성해 나가기 위해 의식해야
합니다. 여성 스태프가 일하기 좋고, 복귀하기 쉬운 환경을 고민하지
않으면 앞으로 회사의 미래가 불투명해질 겁니다.

최강의 '팀을 만들기' 위해

프로듀서가 되면 작품을 만들기 위해 많은 스태프를 모읍니다. 감독·시나리오·캐릭터 디자인·미술감독·음향감독 등…… 이때 의식해야 할 포인트는 '팀 만들기'입니다.

이 포인트는 프로듀서를 막론하고, 제작 책임자와 제작진행도 항상 의식했으면 하는 부분입니다. 특히 제작진행은 애니메이션 1화 분량을 작업할 스태프를 관리하는 무렵부터 그 화수를 담당할 '팀 만들기'를 의식하십시오.

'팀 만들기'란 어떤 것인가? 저는 항상 아래의 포인트를 의식하며 '팀 만들기'를 합니다.

① 목적(목표)을 잡고 모든 스태프와 공유하기

간단히 말하면 작품의 '매력'과 '개성'을 모든 스태프가 알아야 한다는 말입니다. 이 점을 모르면 각 화의 연출 포인트가 어긋나고, 작화 퀄리티가 떨어질 위험이 있습니다. 반대로 스태프 모두가 목적(목표)을 공유한다면 작품이 흔들리지 않습니다. 또 자연스럽게 팀의 결속력도 단단해집니다.

② 스케줄 속에서 작품을 위해 노력하는 것(포기하지 않는 것)

애니메이션 제작에는 항상 스케줄이 지켜지지 않습니다. 그렇다고 해서 포기하면 안 됩니다. 크리에이터는 제작 중에도 항상 스케줄을 조정하고, 시간이 허락하는 한 자신의 기술을 최대한 발휘합니다. 모든 작업 에너지를 작품을 향해 쏟으면 쏟을수록 다른 사람과 다투기도 합니다. 하지만 포기하는 그 순간 아무것도 할 수 없게 됩니다. 그리고 작품도 형편없어집니다. 스태프 중에 포기하는 사람이 나오는 순간 팀은 무너집니다.

③ 스태프 간에 자유롭게 작품에 관한 의견 교환이 가능한 환경

이것은 상당히 중요합니다. 구체적으로는 '감독과 동화가가 수다 떨수 있는 환경'이란 느낌입니다. 자신들이 만드는 작품을 통해 승진 기회를 잡는 것도, 작품에 관해 자기주장을 펼치는 것도, 선배의 기술을 훔치는 것도 전부 가벼운 대화에서 시작됩니다. 즉, 작품 내용에 관해 의견을 교환하면 젊은 스태프들이 성장하기 쉬운 환경이 만들어집니다. 또 세대가 다른 스태프가 공존하면 각 세대에 따른 제작 방법과 기술을 공유할 수 있습니다. 이로써 기술과 작업효율의 수준이 높아지게됩니다.

④ 젊은 사원과 베테랑이 균형 있게 상주하는 것

이것은 젊은 사원의 성장을 위해서입니다. 베테랑 스태프란 애니메이션 업계에서 '살아남은 스태프'를 말합니다. 살아남기 위해 익힌 기술과 경험을 가진 사람입니다. 젊은 사원은 시행착오를 겪으며 자기나름 살아남기 위한 기술을 찾습니다. 그리고 앞으로의 인생을 불안해하며 일합니다. 젊은 사원 곁에 베테랑 스태프가 있으면 어떤 조언도줄 수 있고, 질문하기도 쉽겠지요. 젊은 사원의 성장이야말로 업계를성장하게 합니다. 또 업계를 그만두는 신입도 줄어듭니다.

⑤ 모든 스태프가 애니메이션 제작에만 집중할 수 있는 환경

아무리 우수한 스태프가 있어도 제작에 집중할 수 없다면 의미가 없습니다. 일과 하등 관계가 없는 사내 행사나 인간관계 등은 현장에 끌고 오지 말기! 작업 비품이 떨어지지 않게 하기! 소음 내지 말기! 등,

좋은 환경을 만들면 팀도 기능을 발휘할 수 있습니다.

　이렇게 '팀 만들기'를 하면 무엇이 일어나는가. 현장 분위기가 좋아지고, 작품 퀄리티가 올라갑니다. 또 스태프끼리 커뮤니케이션이 원활하게 이뤄지면서 제작진행의 작업부담이 줄어듭니다. 제작진행은 업무도 많고, 구속 시간도 깁니다. 갈등이나 착각 때문에 일어난 작업은 최소한 줄여야 합니다. 팀을 만듦으로써 헛된 작업이 확실히 줄어듭니다. 출신지든 지금 보는 애니메이션이든 뭐든 상관없습니다. 스태프끼리 공통점을 찾으며 공유해보면 현장에 대화가 생기고, 분위기가 밝아집니다. 약간의 마음 씀씀이가 돌고 돌아서 당신을 도와줄 겁니다.

실수해도 괜찮다!

제작진행은 대단히 바쁩니다. 해야 할 일이 수두룩하고, 많은 스태프와 대화도 해야 하고, 다양한 컷을 관리합니다. 하루 24시간이 부족한 일입니다. 심지어 스케줄은 대체로 빡빡합니다. 그런 현장에서 일하다 보면 누구나 실수합니다. 실수하지 않는 제작진행은 없습니다.

중요한 건 실수를 반복하지 않는 것! 또 반복하지 않으려고 고민하는 것(상담하기)입니다! 실수해서 분하다고 느껴지면 자연스럽게 성장할 수 있습니다!

사람은 누구나 실수하고, 분한 마음을 잘 잊지 못합니다. 실수를 '기억'하면 후배에게 조언해줄 수 있습니다. 술자리에서 가벼운 농담처럼 후배에게 실수담을 말하면서 후배가 같은 실수를 하지 않도록 설득합시다!

'실패'는 재산입니다! 분위기를 돋우는 화젯거리입니다! 신입은 마음껏 실수하십시오! 실수 뒤에 내일이 있습니다!

제가 가야 해요?

그걸 내…

감독이 9시에 픽업해 달래

당연하지

아침 4시까지 기다리라니…

내일 애프터 레코드 있어

가-쿠

달칵

뭐? 그럼 대체 몇 시에 퇴근이야…

옷도 꼭 갈아입고

으아~ 귀찮아!!

화장도 하시고!

그리고 강아지 산책도!

목욕은 꼭 하세요

마치며

여러분, 어떠셨습니까? 애니메이션 제작현장의 고됨과 즐거움을 조금은 체험하셨습니까?

제작진행이라는 직업은 '운전면허와 체력만 있으면 누구라도 할 수 있는 직업'이라고 말합니다. 하지만 '모두가 계속할 수 있는 직업'이 아닙니다. 사실 3년차까지 업계에 남아있을 확률이 10%~20%라고 합니다. 대부분 그만둬버리는 직업인 셈입니다.

전 신입에게 '애니메이션의 3대 기둥' 얘기를 종종 합니다. 애니메이션 제작 과정에서 '연출', '작화감독', '제작진행'이 3대 기둥이라고 생각합니다. '연출'은 애니메이션 영상의 설계도와 현장 감독. '작화감독'은 화면 구도와 연기 책임자. '제작진행'은 스케줄과 현장 조정, 예산 책임자. 이 3대 기둥이 균형을 이루며 굳건해야만 좋은 애니메이션이 완성된다고 믿습니다. 하지만 연출도, 작화감독도 5년~10년 이상 경험치를 가진 베테랑인데 반해, 제작진행은 입사하자마자 그 책임자 자리를 맡게 됩니다. 그런 상황에서 본서에서 설명한 업무를 소화해야만 합니다. 이러니 그만두지 않을 수 없지요.

사실 제작진행만 그렇지 않습니다. 애니메이션에 관련된 스태프 중에 '퇴사'를 생각하지 않은 사람은 아무도 없을 겁니다. 그만큼 애니메이션 제작현장은 기술과 체력이 중요한 업계이며 항상 유행과 젊은 재능과 고객의 요구에 두려움을 느끼며 보냅니다.

이 책의 '제1장'에서,
고정관념에서 벗어나 넓은 시야를 가지고, 자신에게 맞는 직장을 찾으십시오.

자신의 인생에서 '애니메이션을 좋아하는 마음'을 소중히 여기고 싶다면 곰곰이 생각하십시오.

'애니메이션을 좋아하는 마음'을 계속 소중히 여기고 싶다면 그 마음이 평생 이어질 곳(직장)을 꼼꼼히 찾으십시오.

그렇지 않으면 불행해집니다!

라고 썼습니다.

그저 듣기 좋으라고 하는 말이 절대 아닙니다. 업계에 발을 들이기 전에 잘~~~~~~~~ 생각하고 정하시길 바랍니다. 애니메이션을 좋아해서 제작에 참여하고 싶은 마음이 있다면 분명 당신에게 맞는 장소가 있을 겁니다. 하지만 그 장소를 발견할 사람은 당신 자신입니다. 애니메이션 제작현장은 꿈만 가지고는 살아남을 수 없습니다. 매우 고되고, 엄격한 세계입니다.

하지만 일반 사람에겐 없는 기술을 가지고, 갈고닦고, 하나의 작품을 만들어가는 기쁨은 다른 곳에서 맛볼 수 없습니다. 심지어 200명~300명이란 많은 인원수가 짧은 스케줄 속에서 완성해 나가는 애니메이션이란 존재는 힘든 일면도 있지만, 많은 시청자에게 감동을 주는 종합예술이기도 합니다.

'제작진행'이라는 직업은 애니메이션 제작이 시작되고 50년간, 줄곧 필요로 해온 일이었습니다. 그리고 앞으로도! 하지만 이 일을 소개하는 책은 거의 없습니다. 사실 저 자신도 애니메이션 업계에 들어오기 전까지 어떤 업무인지 거의 몰랐습니다!

이상하지요. 인재를 구하면서 아무도 그 여정을 기록하지 않다니! 여기에는 두 가지 큰 이유가 있다고 생각합니다. 하나는 제작진행의 기술이 개인의 기량과 능력과 친분에 의지하는 부분이 큰 점. 문서화하기 어려운 내용입니다. 또 하나는 현장의 제작진행들에게 자신의 노하우를 문서로 정리할 시간적인 여유가 없는 점. 프로의 현장은 항상 바빠서 좀처럼 여유 있는 시간을 가지기 힘듭니다. 오히려 그런 시간이 있다면 보통 개인적인 일에 쓰지요.

사실 이 책의 출판은 제가 애니메이션 업계에 들어와서 하고 싶었던 큰 꿈의 하나였습니다! 세상의 애니메이션을 좋아하는 사람들에게 제작진행이라는 직업을 알리고 싶다. 업계에 들어오는 사람에게 조금이라도 도움이 되는 것을 만들고 싶다. 그런 바람을 담았습니다.

그런 제게 출판을 제안해 주신 세이카이샤의 이마이님! 디자이너 요시오카님! 그리고 도움을 주신 분들! 정말 감사합니다!!!

아무쪼록 이 책을 구매해주신 '당신'의 애니메이션을 사랑하는 마음, 어떤 형태로든 도움이 되었으면 좋겠습니다!!!

언젠가 애니메이션 업계의 어딘가에서 만나길 기대하며 기다리고 있겠습니다. 그럼 이만!

주식회사 트리거

마스모토 카즈야

09:08

영상으로확인

동영상 참조를 위한 QR 코드를 읽을 수 없는 환경이라면 아래의 주소를 직접 입력하여 확인해주세요.

P74 **시나리오**
http://youtu.be/RqZV4ELeFCc?t=1m28s

P81 **그림 콘티**
http://youtu.be/RqZV4ELeFCc?t=2m11s

P94 **설　정**
http://youtu.be/RqZV4ELeFCc?t=2m51s

P112 **레이아웃**
http://youtu.be/RqZV4ELeFCc?t=4m29s

P130 **원　화**
http://youtu.be/RqZV4ELeFCc?t=5m07s

P136 **색채 회의**
http://youtu.be/RqZV4ELeFCc?t=6m26s

P139 **동　화**
http://youtu.be/RqZV4ELeFCc?t=5m48s

P141 **채　색**
http://youtu.be/RqZV4ELeFCc?t=7m17s

P143 **B　G**
http://youtu.be/RqZV4ELeFCc?t=7m56s

P147 **촬　영**
http://youtu.be/RqZV4ELeFCc?t=8m29s

P161 **완　성**
http://youtu.be/RqZV4ELeFCc?t=9m08s

※ 영상의 자막 대본은 아래 링크에서 다운로드하여 주십시오.

http://msnp.kr/temp/trigger.pdf

애니메이션 제작 독본
'제작진행'을 위한 트리거식 애니메이션 제작 노하우!

2018년 10월 15일 초판 1쇄 발행
2022년 6월 15일 초판 5쇄 발행

저자 마스모토 카즈야
번역 김봄

편집 박관형, 정성학
발행인 박관형
발행처 ㅁㅅㄴ(MSN publishing)
주소 [08271] 서울시 구로구 경인로20나길 30, A508
웹 http://msnp.kr
메일 mi-sonyeo@naver.com
FAX 0505-320-2033

ISBN 979-11-87939-08-5 03680